暨南大学本科教材资助项目（"一带一路"与粤港澳大湾区特色教材资助项目）

普通高等院校旅游管理专业规划教材

Exhibition Information Management

会展信息化管理

主　编　巨　鹏

副主编　吴秋明

暨南大学出版社

JINAN UNIVERSITY PRESS

中国·广州

图书在版编目（CIP）数据

会展信息化管理／巨鹏主编，吴秋明副主编. —广州：暨南大学出版社，2021.9
（2023.1 重印）
（普通高等院校旅游管理专业规划教材）
ISBN 978 - 7 - 5668 - 2932 - 0

Ⅰ. ①会…　Ⅱ. ①巨…②吴…　Ⅲ. ①展览会—信息化—管理—高等学校—教材　Ⅳ. ①G245

中国版本图书馆 CIP 数据核字（2020）第 119284 号

会展信息化管理
HUIZHAN XINXIHUA GUANLI

主　编：巨　鹏
副主编：吴秋明

....

出 版 人：张晋升
策划编辑：潘雅琴
责任编辑：潘雅琴　梁念慈
责任校对：张学颖　武颖华　刘宇韬
责任印制：周一丹　郑玉婷

出版发行：暨南大学出版社（511443）
电　　话：总编室（8620）37332601
　　　　　营销部（8620）37332680　37332681　37332682　37332683
传　　真：（8620）37332660（办公室）　37332684（营销部）
网　　址：http://www.jnupress.com
排　　版：广州良弓广告有限公司
印　　刷：广州市金骏彩色印务有限公司
开　　本：787mm×1092mm　1/16
印　　张：9.375
字　　数：260 千
版　　次：2021 年 9 月第 1 版
印　　次：2023 年 1 月第 2 次
定　　价：39.80 元

序 一

进入 21 世纪，科技革命强烈地影响着人类社会的发展，为人类生活带来了各种便利。科技发展促进信息技术朝着网络化、智能化、数据化的方向前进。作为数据信息密集型产业的会展行业，要将传统的会展管理模式转型升级为智能信息化管理，这就要求会展行业的经营管理人员不仅得具备全面专业的管理知识，还需要拥有用先进的科学技术处理各方面数据信息资源的能力，以顺应时代发展和行业发展的需要。

本教材立足于粤港澳大湾区的会展产业的发展，从会展项目管理的理论知识出发，结合会展行业中的信息管理应用实例，使读者了解会展智能信息化的应用和管理手段。同时紧密结合行业发展需求，综合会展项目管理过程进行分析，从信息化管理、项目策划及运营、现场服务、场馆智能化建设管理、数据信息化运用和网上会展等方面，让学生学习并掌握会展项目管理运营的应用手段，熟悉展会现场各种智能信息系统及设备。

本教材是暨南大学深圳旅游学院会展经济与管理专业和深圳市卡瑞思博科技发展有限公司校企合作的成果之一。在校企合作的过程中，学校与企业分别在实践与课程教学层面上认识到了将会展经济与管理专业和信息技术密切结合的必要性，结合实践的发展，校企双方人员共同完成了本教材的编写。本教材紧跟时代步伐，采用行业内最经典的会展项目案例，结合理论知识，帮助会展专业的学生清晰地了解会展行业信息化管理前沿的理论与实践。本教材的编写因融入了企业团队，能够较好地引入会展业界的信息化实践经验，并根据时代与技术的发展，对教材内容及时做出调整。

本教材的出版一方面弥补了会展专业教材在理论建设方面的不足，另一方面使实践与理论的融合成为可能。本教材的出版，将成为会展专业教材建设中具有时代特色的成果，也将为粤港澳大湾区会展产业的发展夯实基础，提供智力支持。

余建诚

2020 年 5 月

序 二

　　数字化正以各种形式融入我们每个人的生活，尤其是 2020 年初以来的新冠疫情，让我们的生活、办公、产业运营向着数字化与信息化更进一步。基于数字化与信息化审视和关注会展行业的发展现状与趋势已是非常迫切的事情。

　　暨南大学深圳校区的会展经济与管理专业成立于 2015 年，校区坐落在风景秀丽的华侨城，毗邻中国的科技创新核心——南山科技园，科技化与信息化的基因自然而然地在学校专业建设中得到了体现——成为国内高校少数开设"会展信息管理"课程的专业之一。

　　在多数会展人看来，线下的交流和实时的信息分享是不可替代的，这也是会展业高度发展的今天，数字化在会展行业一直很难实现的原因。但不能忽视的是，各大主办方及其场馆方对专业观众进行数据化与智慧化管理的需求与日俱增。一方面，对于客户资源的管理需要更加现代化的手段；另一方面，会展现场的应急管理与风险管控也对门禁与数据库管理提出了更高的要求。而该教材对上述内容都有系统的介绍。本书内容全面、架构科学，包含大量翔实的案例，是一本适应现代会展信息化管理的教学参考书。

2020 年 5 月

目　录

1 会展信息管理概述

1.1 会展业与信息技术

1.1.1 会展业概况

会展业是会议业、展览业和节事活动的总称，是一个新兴的服务行业，其影响面广，关联度高。通过举办各种形式的会议和展览，包括大型国际博览会、展览会、交易会、招商会、经济研讨会等，吸引大量商务人员和游客，可以促进产品服务市场的开拓、技术和信息的交流、对外贸易和旅游观光，并带动交通、住宿、商业、餐饮、购物等多项相关产业的发展。

随着科学技术的迅速发展，信息化时代的普及，全球会展业得到了前所未有的发展。通过举办各种会展可加快人流、物流、资金流和信息流的聚集，对拉动市场消费、经济全球化具有积极的促进作用。目前，会展业发展成为现代国际经济合作交流的重要途径，世界各国都十分重视会展业的发展。

在我国，会展业作为新兴产业，发展历史较短，仍处于探索发展阶段，关于会展问题的理论研究更是落后于实践。目前，我国对会展业的研究主要集中于对行业现状、问题及对策等方面的定性分析，缺乏深层次的定性与定量相结合的理论研究。对于会展的定义，目前学术界尚未形成统一的观点。

从狭义的角度来说，可将会展定义为会议与展览，即"会议展览"（Convention and Exhibition）。

随着会展行业的进一步发展，会展内容更加丰富，外延更加广泛，会展被定义为"MICE"，即会议（Meetings）、奖励旅游（Incentives）、大型企业会议（Conferencing/Conventions）、活动展览（Exhibitions/Exposition）和节事活动（Event）。"MICE"是继"ME"（Meeting and Exhibition）后产生的一种对会展更全面的解释。

1.1.2 信息技术概述

信息技术（Information Technology，简称 IT）是用于管理和处理信息所采用的各种技术的总称。它主要是通过计算机科学和通信技术来设计开发、安装和实施信息系统及应用软件，也常被称为信息和通信技术（Information and Communications Technology，简称 ICT）。信息技术主要包括传感技术、计算机与智能技术、通信技术和控制技术。关于信息技术的定义，因其使用的目的、范围、层次不同而有不同的表述。

从广义而言，信息技术是指能充分利用与扩展人类信息功能的各种方法、工具与技能的总和。该定义强调的是从哲学上阐述信息技术与人的本质关系。

从狭义而言，信息技术是指利用计算机、网络、广播电视等各种硬件设备及软件工具与科学方法，对图文声像各种信息进行获取、加工、存储、传输与使用的技术之和。该定义强调的是信息技术的现代化与高科技含量。

1.2 会展信息及其管理

1.2.1 会展企业遇到的困扰

会展企业特指主办或承办会议、展览或节事活动的公司，是会展产品及服务的主要提供者。会展企业的发展规模和竞争状况直接影响其会展业的服务水平发展。随着中国会展业朝着信息化、规范化和国际化的方向发展，会展企业蓬勃兴起，在一定程度上助推了会展行业的发展。然而，会展企业在发展的同时也暴露出诸多滞后问题，主要体现在以下三个方面：

一是投入资金有限。会展信息化建设、维护网站以及相关系统软件、硬件的资金需求较高，而国内的会展企业大部分属于小型或微型民营企业，运营成本高，因此，在会展信息化建设方面投入占比少。

二是缺乏专业人才。国内高等院校针对会展信息化开设的专业课程较少，会展信息化管理方面的专业人才较为缺乏。同时，由于没有形成完善的会展产业链，办展人员往往来自各行各业，他们大多都缺乏系统的会展知识和相应的工作技能。许多会展主办者对会展经济没有进行过全面而深入的认识和了解，会展活动的组织者、管理者和从业人员的整体素质亟待提高，这些因素制约了会展业务的开展，制约了会展的组织水平及服务质量的提高。

三是缺乏有效的宏观调控和行业自律。目前国内会展行业缺乏有效的宏观调控和行业自律，存在主题雷同的展会举办现象。同类展会没有按照会展经济规律形成有序竞争，没有发挥展会专业化特色及提供专业化的服务。

1.2.2 会展信息

信息指音信、消息、通信系统传输和处理的对象，泛指人类社会传播的一切内容。会展信息是指会议和展览企业及其项目管理信息，包括在会展服务企业、参展商和会展观众之间传播的会议展览活动相关内容。

随着信息时代的快速发展，社会上兴起了许多为会展信息服务的网上宣传平台。这些网上平台构筑畅通的信息桥梁，为会展服务企业提供强大的宣传途径，为参展商推荐针对性极强的优秀会展，为观众带来最新观展资讯，促进了会展行业更好地发展。

第118届广交会优先开展对沿线国家采购商的邀请，并在沿线8个国家举办8场视频连线活动。利用社交媒体整体化招商，以广交会脸书（Facebook）为核心，多层次、立体化地搭建广交会国际社交媒体圈。广交会脸书粉丝达33万人，互动率超过40%。通过全球知名搜索引擎优化广交会精准再营销，实现重点地区精准招商。深入推进远程视频招商推介活动，在全球15个国家和地区举办15场远程视频招商活动。积极开展参展商、老采购商邀请新客商活动。

［资料来源：中国进出口商品交易会（广交会）官方网站. http：//www. cantonfair. org. cn/html/cantonfair/cn/info/2015－10/36514. shtml. 有删改］

1.2.3　会展信息的管理

会展信息管理是指利用现代信息化技术管理展览会的各个环节，会展信息化的实施为会展举办方、参展商和参展观众提供了信息交换和互动的平台。

会展信息化管理的作用主要体现在优化企业各类资源、提高客户关系管理能力、提高会展服务质量和效率、拓展会展业务领域四个方面：

一是优化企业各类资源。资源的价值具有潜在性，可以通过高水平的管理最大限度地发挥资源的价值，这就是资源优化。计算机和互联网技术的发展，为企业管理者提供了一个规划和整理企业资源的平台，提高了决策效率和水平。在会展行业，最重要的有形资源是展览场馆和资金，最重要的无形资源是客户信息。信息化管理对优化这些资源正发挥着越来越大的作用。

会展信息管理能够帮助会展场馆管理者选择会展场馆使用和出租的最优方案，实现利润最大化。同时还能加强对场馆的日常管理，使其维持良好状态。信息技术还有助于正确预测场馆需求，对场馆进行必要的更新、改造或扩建。

此外，客户资源管理通过收集整理客户资源，建立和扩大客户数据库，分析客户偏好，与客户进行双向交流，实现以客户为中心的管理模式。通过对客户资源的分析，可以为会展的立项、宣传、配套服务提供参考依据。

二是提高客户关系管理能力。会展行业作为一个比较特殊的服务行业，面向商品生产领域和流通领域中的大量客户，需要强大的客户关系管理能力。欧洲的大型专业贸易博览会如汉诺威工业博览会、法兰克福国际书展、纽伦堡国际玩具博览会、杜塞尔多夫国际鞋展等，每届都接待参展商数千家，专业观众数十万人。法国巴黎国际博览会每年举办一次，为期两周，观众人数上百万。开发和保持如此大规模的客户群体通常需要花费巨大的精力，客户群体规模越大，信息量越大，控制和分析客户信息、掌握客户关系的难度就越大。会展信息管理为展览会海量客户信息的高效管理提供了帮助。

三是提高会展服务质量和效率。会展行业的各个经济要素如组委会、参展商、展馆等，一直在利用各种信息化手段提高工作效率，提高整个行业的运作水平。

对于展览会的组织者来说，从客户服务的角度看，展览会提供的常规内容已不能满足需求，需要应用信息技术提高服务质量和效率。比如传统的手工登记观众信息的方法常常造成人群拥挤,观众的入场时间延长,影响展会效果,引起观众和参展商的不满。利用信息技术快速制作和发放个性化胸卡,设立现场上网、触摸屏等现场导览系统,极大地方便了观众观展。运用信息化技术对现场进行实时及定位监控,确保展会的安全性和有序性。快速及时的信息收集与处理,为参展商提供符合其需求的分析报告、观众数据等信息反馈服务,促进了展会的可持续性发展。

会展信息管理的强大功能使展览机构有更多精力专注于提高服务质量,增加服务内容,因而必然使会展衍生行业的规范性与控制能力成为展览机构的关注重点。欧洲一些有影响的国际性贸易展览会已经为参展商提供服务套餐,即为参展商提供包括展品、展台、人员等各方面参展活动所需的全面服务。参展商无须再找其他机构安排自己展品的运输、人员的商旅活动、展台的设计和装修,这些均可由展览公司协调包干。对于一个拥有上千家参展商的国际性展览会而言,要把所有客户需要的全部服务都揽在自己手里,无疑要耗费管理者大量的精力,不利于组织者提高展会的核心业务质量。而实现信息化管理后,原先复杂的操作变得简单、程序化了。会展组织者通过信息化管理手段,可以更加充分地满足客户的需求,切实提高会展服务质量,从而提高客户参展的满意度,进而提高其忠诚度,自然也就保证了会展项目的成功和可持续发展,给会展组织者带来良好的经济效益。

四是拓展会展业务领域。会展业务领域拓展的典型是网上会展。随着电子商务日益成为一种重要的经济运行形式,电信运营商提供了种类繁多、简单便利的上网手段。如果说过去的品牌会展主要是通过建立网站以宣传自身,那么今天的网上会展已经具备了一些传统会展所不具备的功能和手段,不再仅仅是传统会展的宣传手段,而渐渐成为一个相对独立的新的会展形式。一些大型会展纷纷设有电子版宣传页,网页设计不仅精美、更新及时,而且普遍增加了许多实用性功能,如网上签约、下单、提供相关链接等。

与传统会展相比,网络会展具有参会者不受地域限制、交易成本低、组织工作简单等优点,日益受到会展主办方的青睐。其低投入、高效益的特点,必将成为传统会展的有效补充和延伸。

1.3 会展信息在会展中的应用

1.3.1 展馆的"智能化"

如今,各种类型的会议展览都需要采用各种先进智能的专业设备,尤其是大型会议的管理,对设备方面的要求更加严格,会展场馆智能化建设越来越重要。展馆的"智能化"是指采用电子信息技术对展馆的设备进行监控,对信息资源进行管理以及为用户提供信息服务等。展馆的智能化建设能够在场馆管理、会展组织方管理、参展商管理,以及观众管理方面提供全面的专业服务,大大提高会展效率。

在场馆管理方面,智能化系统能够管理会展日常事务流程,审批场馆相关事项,例如对场馆区域预定情况提供实时展示、管理广告租赁情况,实现了对展会各项数据的获取及整理,是有效的优化场馆管理方式。

在会展组织方管理方面,从参展商到观众的信息数据管理,再到会展举办期间的广告营销管理，展馆的智能化建设能够为组织方提供更全面、更具开发价值的管理流程，使得组织方管理流程趋向一体化、专业化。

在参展商管理方面，通过系统对参展人员进行信息录入，实现参展商数据的系统化管理，避免因人工重复录入而导致管理混乱，实现系统化的参展商模块管理及数据跟踪。

在观众管理方面，运用智能系统的观众邀约管理程序，设定程序自主发送电子票证，可以实时获取观众入场信息数据，进而分析展会期间场馆人流的分布情况。此外，通过系统还可以根据观众类型和数量对观众的基本情况进行精准分析，有助于展馆后期的升级发展。

知识链接

2018 年 5 月 17 日，由中国电信上海分公司与虹桥商务区管理委员会共同建设的全国首个"5G 示范商务区"正式启动，双方还共同发布了首批基于 5G 的创新应用：5G + VR、5G + 8K 以及 5G + 无人机，服务首届中国国际进口博览会的首个 5G 基站也正式落地虹桥商务区。

"5G + VR"可使展商通过直播的方式向场外观众展示展会实景，如果再借助融合"5G + 8K"（8K 传输效率是 4K 的 40 倍）技术，直播画面能达到毫发毕现的效果。

展会场馆内，搭载 5G 网络的无人驾驶电瓶车，能"不知疲倦"地运送南来北往的客商，低至 1 毫秒的时延，将有效提高汽车的反应时间，大大提升车辆的安全性。

展区内人员复杂，监控盲点多，远程控制的无人机能实时记录回传高清或 VR 图像，解决了安保人员所头疼的问题。

2018 年 1 月 16 日，上海电信与国家会展中心（上海）签署"智慧国展"战略合作协议。根据协议，双方将共同推动国家会展中心"智慧国展"的全方位建设，致力于将国家会展中心打造成"设施智能化、运营智慧化、服务智敏化"的国际一流会展综合体。中国电信上海分公司加强新一代通信设施建设力度，利用互联网/物联网、云平台以及人工智能、大数据等新兴技术，提供全方位的通信应用和服务，加快现代信息技术与会展行业的深度融合，为国家会展中心在策展办展、场馆运营、商业运营、行政办公等方面注智赋能。

（资料来源：搜狐科技. http：//www. sohu. com/a/232079127_160320. 有删改）

1.3.2 会展管理和服务的"信息化"

会展管理和服务信息化，指利用现代先进信息技术，通过对会展配套资源的开发及利用，提升会展项目的管理和运营水平，进一步提高其经济效益和竞争力的过程。会展管理和服务信息化有助于提升会展行业的整体服务质量。

展览组织者为了给参展商和观众提供全面配套的服务，会尽可能地开发酒店预订、交通、展品运输和清关、展台搭建、展具出租、服务人员（保安、翻译等）、广告宣传、餐饮等业务。会议组织者需要完成包含策划、会议公司、酒店、翻译、速记、会务用品、摄影摄像、公关传播、票务等环节的业务。这些相关业务往往由多个企业联合完成，它们之间的规范性、协调性和互动性直接关系到会展的服务质量。

知识链接

由工业和信息化部、国家发展和改革委员会、财政部、商务部、国家工商行政管理局、国家市场监督管理总局、中国银行保险监督管理委员会、广东省人民政府和泰国工业部联合主办的第九届中国国际中小企业博览会（简称"中博会"）于 2012 年 9 月 22 日至 25 日在广州举行。此次会议首次引入会务管理系统，在会议开始的前三天，来宾会收到一条彩信入场券，彩信中包含一个与来宾手机号码、身份等一一对应的二维码，来宾签到时只需要扫描二维码即可。同时，完成签到的来宾的信息会自动返回到数据统计平台，主办方可实时查询数据，确认嘉宾信息，省去了过去通过纸质入场券核对嘉宾身份的烦琐环节。

整个流程极其方便快捷，有效解决了嘉宾邀请函派送、签到处过于拥挤、漏签误签等问题。此外，主办方还可通过云服务平台，随时随地查询到实时的来宾签到信息，以便统计未到嘉宾并再次进行提醒，使得会议的各个环节管控尽在掌握之中，节省了会务管理环节中的大量人力资源，主办方有更多的精力去优化会议安排，也让会务现场执行工作变得更加简易、可控。

该系统不仅具备绝大部分签到系统的常规功能，如二维码签到、智能排座、短（彩）信提示，同时还增加了入住管理、用餐管理、互动抽奖和用户中心等核心功能，系统通过云计算平台数据，便于主办方对会议进行实时监控和管理，是解决会务执行难问题的信息化管理平台。

（资料来源：中国中小企业信息网．http：//www.cismef.com.cn/15/．有删改）

1.3.3 会展信息管理软件的开发和应用

随着信息化时代的发展，会展行业信息化开发和应用越发重要。国内的软件开发人员越来越重视会展行业对信息技术的需求，于是出现了许多为会展行业提供信息化解决方案的科技开发企业。许多会展企业已经开始使用先进的会展信息管理软件，但使用较多的仍然是局部独立的管理软件，如门禁系统软件、参展商管理系统、会务直播系统等。究其原因有二：

其一，国内会展行业的信息化和专业化总体水平还有待提高，会展企业管理者对于信息化管理的意识还不强。

其二，会展服务软件开发企业提供的一体化展会解决方案相对较单一，成本偏高，而一些小型展会因规模实力和数据处理需求的局限，仍采用传统简单的会展管理模式。

尽管如此，会展行业信息技术管理是一种趋势，驱使会展服务朝着规范化、智能化的方向发展，有利于传统会展行业的升级发展，发挥最大价值。

知识链接

基于web瓷博会会展管理平台的研究与设计

以下列举基于web瓷博会企业的会展管理平台。

通过对会展的分析与研究，我们可从中总结出举办会展过程中的一些基本因素和相对应的基本功能。系统基本设置概述如下：

用户类别有展馆管理员、主办方、参展商、服务商等。

展馆管理员：展会计划发布，展馆事务通告，用户资料修改（包括个人信息修改和密码修改），展馆信息更改（包括展馆基本资料更改、展位分配，各功能区及地点分配等），展馆运营管理（包括展位预定审核、参展商邀约、服务项目分配）等。

主办方：信息修改（包括用户资料更改、用户密码修改、公司信息修改），展会策划（包括审批展商的申请、发送参展邀约、发送观展邀约、预约场地），合同管理（包括展会基本信息，展会财务核算，预选参展商、服务商，生成策划书），业务管理（包括合同录入、合同会签）等。

参展商：基本信息资料设定（包括基本信息、公司信息、参展设备、参展人员数量及个人信息），业务管理（包括查看当前展会动态、查看邀请函激活状态）等。

服务商：基本信息资料设定（包括基本信息、公司信息），服务项目管理（包括项目设定），业务管理（包括查看当前展会动态、查看邀请函激活状态）等。

站内消息管理：收件箱、发件箱，发送站内消息等。

会展管理系统包括四个子系统：以展览场馆为中心的场馆运营管理系统、以主办方为中心的会展业务管理系统、以参展商为中心的参展业务管理系统，以及以服务商为中心的会展服务管理系统。本系统主要为展馆、主办方、参展商和服务商之间架起一座高效的信息化沟通桥梁。可精简为：

1. 以展览场馆为中心的场馆运营管理系统

（1）展会计划发布；

（2）展馆事务通告；

（3）用户资料修改（个人信息修改、密码修改）；

（4）展馆信息更改（展馆资料更改，展位、会议室分配）；

（5）展馆运营管理（展位预定审核、邀请参展商、服务项目分配）；

（6）损失登记。

2. 以主办方为中心的会展业务管理系统

（1）信息修改（用户资料更改、用户密码修改、公司信息修改）；

（2）展会策划（审批参展的申请、发送邀请函、预约场地）；

（3）合同管理（展会基本信息，展会财务核算，预选参展商、服务商，生成策划书）；

（4）业务管理（合同录入、合同会签）。

3. 以参展商为中心的参展业务管理系统

（1）基本信息资料设定；

（2）业务管理（查看当前展会动态、查看邀请函及回执、查看合同信息）。

4. 以服务商为中心的会展服务管理系统

（1）基本信息资料设定（基本信息、公司信息）；

（2）服务项目管理（项目设定）；

（3）业务管理（查看当前展会动态、查看邀请函）。

（资料来源：闫浩．基于 web 瓷博会会展管理平台的研究与设计 ［J/OL］．（2008 -
04 - 15）．http：//www. docin. com/p - 598900362. html. 有删改）

1.3.4 会展信息管理硬件配置

1. 自助一体机和组合设备柜台

（1）自助一体机（见图 1 - 1）。即集合了网上已购票观众换取票证、身份证扫描读
取、名片识别录取和网上购票、自助验证通过门禁等功能为一体的设备。观众可通过自助
一体机，快速在现场扫描微信或支付宝上的支付二维码购票并直接入场。此外，已购票观
众可通过自助一体机进行身份证扫描读取、名片识别录入，以换取入场票证或直接入场。

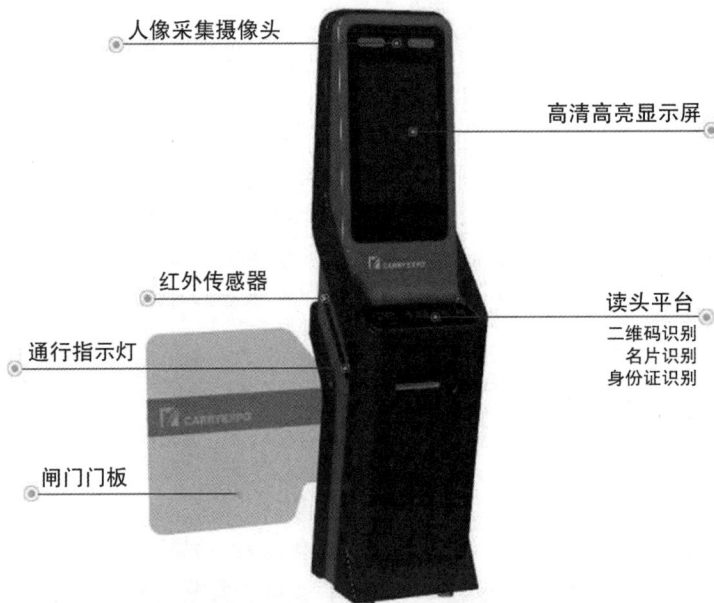

图 1 - 1　自助一体机

（2）组合设备柜台办证。通过打印机、扫描枪、笔记本（见图 1 - 2），以人工操作的
方式，为现场的观众换取入场票证或直接打印入场证件。

图 1 - 2 打印机、扫描枪、笔记本

2. 门禁设备

（1）闸机（见图 1 - 3），是一种通道阻挡装置（通道管理设备），用于管理人流并规范行人出入，主要应用于检票验证系统。可通过身份证、条码扫描、人像识别等多种方式识别验证，通过红外侦测计算人流量，无须人工操作，高效快捷。闸机的基本组成部分包括箱体、拦阻体、内置机芯、控制模块和辅助模块。

图 1 - 3 闸机

（2）PDT（Portable Data Terminal），又称便携式数据终端（见图 1 - 4）。在会展领域

中，PDT 主要是条码扫描器，是用于读取条码所包含信息的设备，可分为一维、二维条码扫描器。条码扫描器的结构通常分为以下五部分：光源、接收装置、光电转换部件、译码电路、计算机接口。扫描的基本工作原理为：由光源发出的光线经过光学系统照射到条码符号上面，被反射回来的光经过光学系统成像在光电转换器上，经译码器转换为计算机可以直接接受的数字信号。

PDT 门禁采用目前主流的无线通信技术、蓝牙传感器网络技术等，通过无线网络与服务器进行实时的数据交换，大大提高了门禁的工作效率。

图 1 - 4 便携式数据终端（PDT）

（3）门禁摄像技术，门禁点通过摄像头自动拍摄记录每一位通过扫描证件进场的观众，当观众再次通过门禁点时，电脑系统对比首次进场拍摄记录，确认观众身份信息一致方可允许入场。这样可有效防止通行证被盗用等违法情况的发生。门禁摄像技术路线如图 1 -5 所示。

图 1 -5 门禁摄像技术路线

（4）RFID（Radio Frequency Identification），又称射频识别技术（见图1-6），是一种通过特定射频信号自动识别目标对象的非接触式自动识别技术，在会展上主要用于读取观众所携带的证件上的标签来作用于门禁。RFID门禁的结构通常分为以下四部分：天线、阅读器、标签、数据传输模块。门禁的识别工作原理为：阅读器通过天线发送一定频率的信号，当标签进入发射天线的工作区域（门禁通道内）时，标签便会产生感应电流，标签受到电流的激活，会将自身内部存储的信息通过内置天线发送出去；系统接收从标签发送来的载波信号，经阅读器将信号进行解调和解码，然后通过数据传输模块传输到后台系统进行相关处理。

图1-6 射频识别

【课后思考题】

1. 会展信息管理的定义是什么？

2. 会展信息化在会展活动中有哪些应用，分别起到了什么样的作用？

3. 会展信息管理硬件的出现给会展带来了哪些改变？

2 会展项目策划信息管理

2.1 会展策划信息市场调研

2.1.1 会展策划信息市场调研的内容

会展策划是对会展项目开发思路和发展战略的综合性谋划。通过前期的市场调研，有利于清晰思路，优化方案，避免或减少额外成本，协助解决会展经营决策的相关问题，保证项目在市场竞争中处于优势地位，并持续发展。会展策划信息市场调研的内容主要包括以下三个方面：

1. 行业环境

这里指会展企业所处的行业环境。会展活动的本质是通过不同的体验方式让会展参与者进行沟通交流，因此行业环境会对每个会展项目产生不同的影响。只有全面深入地分析行业环境，才能成功把握项目的定位、需求、产品及营销等，从而更好地提高项目的影响力及经济效益。

2. 推广渠道

推广渠道是指商品的流通路线，包括从生产者向消费者转移过程中涉及的所有组织和个人。会展行业管理主要包括市场营销、项目运营和销售推广。掌握推广渠道信息可以帮助会展机构顺利进行招商招展和营销工作，提高展会的影响力。一般来说，推广渠道信息包括销售渠道的数量、分布和营销实绩；中间商的资信、经营能力与销售实绩；销售渠道策略的实施、评估、控制与调整、规模与效果等。[①]

3. 市场需求

会展行业市场需求是指会展企业的客户在一定的时间、地点、市场营销环境和市场营销计划下，对会展项目商品或服务的要求和需求量。市场需求量不仅取决于商品服务的价格，还取决于消费客户的购买力、偏好，以及对商品服务的预期效果。

一个会展项目的成功运营离不开对客户需求的充分了解，了解消费客户的需求定位、需求特点、需求数量等信息，对会展主办机构的成功筹备、提升客户忠诚度具有重要意义。

---

① 张素. 会展信息管理［M］. 北京：清华大学出版社，2017：75.

2.1.2 会展策划信息市场调研的方法

会展策划信息市场调研应运用科学的方法，有目的、系统地搜集、记录、整理有关会展策划的市场营销信息和资料，分析市场情况，了解市场的现状及发展趋势，为会展项目的市场预测和营销决策提供客观正确的参考依据。调研方法主要有以下两种：

1. 文案调研法

文案调研主要是对二手资料及以往同类型的案例进行收集、整理和分析。主要来自网上资料搜索和在公开出版的书籍中搜索信息。这些文案信息资料又称为已经加工整理好的间接资料。其优点是获取成本低，花费时间短，缺点是信息适用性和时效性较差。

2. 实地调研法

实地调研可分为询问法、观察法和实验法三种。

询问法是指调查人员通过各种方式向被调查者发问或征求意见来搜集市场信息的一种方法。它可分为深度访谈和问卷调查两种，其中问卷调查又可分为电话访问、邮寄调查、留置问卷调查、入户访问等调查形式。

采用此方法时应注意所提问题确属必要以及被询问者有能力回答问题。访问的时间不能过长，询问的语气、措辞、态度、气氛必须合适。

观察法是指调查人员在调研现场，直接或间接观察、记录被调查者行为以获取信息的一种调研方法。这种方法可以客观地收集资料，直接记录调查事实和被调查者在现场的行为。优点是调查结果更具真实性，缺点是无法观察潜在因素且调查时间长。

实验法是指通过实际的、小规模的活动来调查关于某一产品或某项服务的执行效果等市场信息的方法。通过对实验结果作出分析，得出研究项目是否值得大规模推广。优点是实验结果可获得较准确的原始资料，缺点是干扰因素多，时间长，成本较高，而且实验市场不容易选择。

2.1.3 会展策划信息调查方案的设计

会展策划信息市场调研其中一个重要的环节是设计调查方案。在设计调查方案时，需要综合考虑各种因素。大致分为以下六个方面：

1. 确定调查目的

调查目的是指社会调查研究活动所要达到的预期结果。调查目的在会展策划信息调查实践中具有十分重要的作用。首先，它是调查研究者进行社会调查活动的内在动机，正是这种目的驱使人们去进行调查研究。其次，目的更是调查者确定调查活动范围的重要依据。调查活动究竟如何进行，如何设计方案，选用什么方法，都要根据目的来确定。

2. 确定调查对象和单位

调查对象是指依据调查的任务和目的而确定的本次调查的范围及需要调查的现象的总称。调查单位是指调查项目的实施者。在会展策划信息市场调研中，调查对象一般为参展企业或专业观众，而调查单位一般为展会项目主办机构或合作代理机构。由于会展组织机构越来越重视项目策划市场调研，许多专业的调研咨询企业应运而生，使得会展策划信息市场更加规范化、科学化。

3. 调查内容及调查问卷

调查内容是根据调查目的来确定的，因此，任何会展策划信息调查活动都必须注意三个方面：调查范围的大小；选用方法是否标准得当；调查的结果是否具有代表性。

调查问卷是以问题的形式系统地记载调查内容的一种印件。调查问卷可以是表格式、卡片式或簿记式。设计调查问卷是询问调查的关键前提。完美的调查问卷必须具备两个功能，即能将问题准确地传达给被询问者并使其乐于回答。要想具备这两个功能，设计调查问卷时应当遵循以下五个原则：

（1）有明确的主题。根据主题，从实际出发拟题，问题目的明确，重点突出。

（2）结构合理、逻辑性强。问题的排列应有条理、有次序，符合被询问者的思维逻辑。一般是先易后难、先简后繁、先具体后抽象。

（3）通俗易懂。调查问卷应使被询问者一目了然，并愿意如实回答。问卷中的提问语气要亲切，符合被询问者的理解能力和认识能力，避免使用专业术语。对敏感性问题采取一定的技巧进行调查，使问卷具有合理性和可答性，避免因提问的主观性和暗示性而导致答案失真。

（4）控制调查问卷的长度。根据调查内容长度和难易程度，回答时间应控制在 10 ~ 20 分钟。

（5）调查问卷编号归档应设计成便于后期资料校验、整理和统计的格式。

4. 调查方式和方法

调查问卷设计好以后，一般采用访问、网上调查、发放等方法进行调查。

访问法是由访问人员根据被询问者的口头回答填写问卷的方式。这种方式在时间上富有弹性，资料完整性高且可准确了解受访者的真实态度。

网上调查问卷方式与访问调查相比，具有省时、省钱，研究的区域范围大，传播速度快的特点，方便调查距离较远的受访者。但网上调查问卷方式缺乏弹性，而且问卷回答率及回收率比较低。

发放法是依靠组织系统逐级发放问卷的方法。这种方式需要发放组织机构明确调查目的、要求，以及发表步骤、方法。若没有明确要求，可能会出现受访者不接受调查的情况，耽误整个调查研究的工作，应引起研究者的注意。

随着网络信息化时代的发展，现代的问卷调查方式已逐渐向微信、微博等新媒体调查、网页调查、H5 页面调查等方式发展。

5. 调查项目定价与预算

问卷调查的费用预算主要包括：问卷设计的费用，问卷印刷的费用，问卷调查过程中工作人员差旅等方面的费用，以及问卷录入、资料整理、调查报告撰写的费用等[①]。

6. 调查数据分析

调查数据分析，就是对调查所得的数据信息按一定的统计方法进行分析，以提取有用信息、形成结论，并对数据加以详细研究和概括总结的过程。根据不同的调查方式和方法，所得数据不尽相同。

---

① 张素. 会展信息管理 [M]. 北京：清华大学出版社，2017：84.

在整个调查方案设计环节中，调查数据分析是最重要的一个环节。只收集数据而不加以分析是不够的，未经过分析的数据是单一零散、没有规律的，无利用价值可言。这样的问卷调查数据不能对调查目的提供帮助。只有经过科学的分析方法所分析出来的数据，才具有正确引导的作用，才能为调查方案的设计提供帮助。不一样的分析方式，可能会使调查问卷数据分析出现误差，从而导致最后的分析结果完全不一样，进而导致整个问卷调查的失败。因此，如何采取正确的调查问卷数据分析方法，是在设计策划信息调查方案时要重点思考的问题。

2.2　会展项目策划信息的管理

2.2.1　会展项目立项策划的信息管理

会展项目立项策划是在广泛的市场调查的基础上，充分掌握各种市场信息和相关产业信息，为即将举办的会展建立基本框架[①]。通过会展立项策划信息的管理，为项目发展初始阶段汇总基本情况，为项目批复后编制项目可行性分析提供参考依据。会展项目立项策划的信息管理一般包含项目名称、项目时间地点、项目预算规划、组织机构、规模定位、展品范围等信息内容。

知识链接

2010 中国杭州文化创意产业博览会策划方案

第一部分　前言

已经举办了三届的中国杭州文化创意产业博览会（以下简称"文博会"）是继中国国际动漫节之后，杭州举办的最大的文创类会展活动，在杭州市委、市政府的高度重视，以及社会各界的积极参与下，文博会与动漫节相结合，逐渐形成了"上半年动漫展，下半年文博会"的城市文创展示格局。在成功举办三届的基础上，2010 杭州文博会将进一步创新办展模式，强化城市创意氛围，从专业化、国际化、产业化和品牌化等方面继续寻求突破，力争使之成为促进杭州文化创意产业发展和杭州打造"全国文化创意产业中心"的重要平台，成为杭州经济转型和文化创意产业跨越发展的重要举措。

第二部分　办展理念

从本届文博会开始，组委会将以三年为一个规划周期，从项目定位、举办目标和举办

---

①　张素. 会展信息管理 [M]. 北京：清华大学出版社，2017：87.

模式等各个方面，对杭州文博会进行较为系统的规划和设计：

一、项目定位

杭州文博会的定位：中国杭州西湖国际博览会的主题展；杭州打造"全国文化创意产业中心"的主题展；促进国内外文创产业的交流与发展，集文化创意理念、作品、技术、开发和应用等产业链环节于一体的品牌展。

二、举办目标

从项目的运作角度来讲，杭州文博会在今后的三年中应实现如下的转变和提升：从组合式活动自然转变到主题性活动；从内向型活动有效过渡为开放型活动；从政府节庆活动逐步提升为品牌产业活动。

根据上述的总体发展方向，我们设定了2010杭州文博会的具体办展目标，有以下三个：

一是规模目标。整体展示面积15万平方米，其中主会场展示及活动面积3万平方米。

二是受众目标。参展商500家，参观人数300 000人，其中专业观众80 000人。

三是产业目标。文博会期间，文化创意产业成交额和项目落地资金力争突破30亿元人民币。

三、举办模式

2010杭州文博会持续探索和创新举办模式，在前三届的基础上，进一步实践新的思路和举措：

一是推出"首届杭州创意生活节"概念，举办系列旨在营造社会氛围的创意设计赛事活动，并在杭州八城区部分园区、公共文化活动中心、卖场等地安排设置一批"文化创意体验点"，以体验和互动的方式，激发市民的参与热情，进一步扩大文博会的社会影响力；

二是延续前三届"主会场结合分会场、主题论坛结合产业洽谈会、专业活动结合造势活动"的举办模式，进一步扩大规模，提升价值；

三是着力培育专业领域的展区，逐步形成具有专业水准的独立展览，同时，整合其他文化创意产业领域的专业展览，丰富文博会的专业深度；

四是"走出去，引进来"，到各地宣传推介的同时，重点引进国际高水平的文创展会项目，形成精品展示区域；

五是进一步整合政府、学院、媒体和企业的力量，加强对专业观众的组织和推广力度，建立产业交易的有效渠道和方式，加强市场化运作。

第三部分　项目概要

一、项目要素

1. 项目名称

2010中国杭州文化创意产业博览会暨首届杭州创意生活节。

2．项目构成

（1）主体项目版块：2010 中国杭州文化创意产业博览会。

项目时间：2010 年 10 月 15 日—18 日（开幕式：10 月 16 日）。

项目地点：主会场——杭州和平国际会展中心；分会场——部分园区、院校、街区、企业及公共场所等。

共享项目：2010 中国杭州第五届印文化博览会。

展示规模：3 万平方米，1 000 个标准展位。

辅助项目：专业论坛、产业洽谈会、专业活动。

（2）创新项目版块：首届杭州创意生活节。

项目时间：2010 年 6 月—12 月底。

项目地点：杭州城区内各活动点。

活动内容：世界电子竞技大赛等 10 项活动。

3．组织机构

主办单位：杭州市人民政府、中国美术学院、浙江大学。

协办单位：中华人民共和国文化和旅游部、中国国际展览中心集团公司、清华大学人文社会科学学院文化创意产业研究中心、浙江省工业经济研究所、浙江省技术创新服务中心、浙江省广告协会、《浙商》杂志社。

承办单位：杭州市文化创意产业办公室、杭州市西湖博览会组委会办公室。

支持单位：中国工业设计协会、香港设计中心、台湾科技美学发展协会、上海市对外文化交流协会、杭州师范大学、浙江工业大学、浙江理工大学、浙江大学城市学院。

执行机构：杭州西湖国际博览有限公司。

战略伙伴：中国美术学院创意产业发展公司。

合作媒体：杭州日报报业集团、杭州文化广播电视集团、《当代设计》杂志社。

杭州文化创意产业官网："创意天堂"网（www.0571ci.com）。

文博会官网：http：//www.xh-expo.com。

4．组委会成员

顾问：杭州市委员会、杭州市人民政府主要领导，中国工业设计协会、中国美术学院、浙江大学主要领导。

主任：叶明（杭州市委员会副书记、杭州市文创委主任）。

副主任：翁卫军（杭州市委员会常务委员会委员、杭州市委宣传部部长、杭州市文创委副主任）；

陈小平（杭州市副市长、杭州市文创委副主任）；

吴朝晖（浙江大学副校长）；

宋建明（中国美术学院副院长）。

成员单位：杭州市市委宣传部、西博办、文明办、经委、建委、旅委、财政局、科技局、工商局、教育局、体育局、文广新局、信息办、贸促会、台办、文联、公安局、消防局、卫生局、电力局、交警局、公共交通集团有限公司，杭州日报报业集团、杭州文广集团、西泠印社集团、杭州经济技术开发区管委会、杭州青少年活动中心，以及浙江大学、中国美术学院、浙江工业大学、浙江理工大学、杭州师范大学、浙江大学城市学院等高校。

二、主题特色

1. 主题

创新城市创意生活。

2. 主题诠释

杭州文博会必须根植于杭州这座城市的个性，必须符合杭州产业发展的实际需要。发掘城市创意，努力把杭州打造成以文化为重心的创新型城市。

我们应该用开放的心态吸收成功的经验，用进取的精神探索未来的力量，用低碳的环境塑造发展的氛围，用全民的互动展示美好的生活。

本届文博会通过加强国际国内的文化交流及合作，集聚不同业界的创意力量，通过整个城市的参与，突出杭州生活特色，以打造"生态型、学习型和创新型"城市为目标，加快推动杭州文化创意产业的发展，努力实现打造"全国文化创意产业中心"的目标。

三、亮点打造

1. 国际交流

为了进一步展示杭州文博会的国际化，本届文博会专设国际创新馆，力邀亚太地区以及英国、意大利等国的知名设计师和已具有一定规模的文创类展会亮相文博会。另外，与中国台湾展贸协会以及台湾的知名院校等机构紧密合作，设立海峡两岸和香港展区，届时由台湾、香港、澳门等地的设计机构和企业共同策划，以理念交流和作品交流等方式参与文博会。

2. 全国辐射

2010 文博会不仅将在加深国际化上下足功夫，更将把视角和精力投放在全国各大城市的文化创意产业上。我们将利用世博会的大平台，通过西博会管理世博会杭州馆的契机，以及政府机构、权威部门和行业协会等渠道，组织全国各大城市的文化创意企业、机构前来参展。为全国各地城市之间文化创意产业的互相交流、取长补短、共同发展提供机会，真正体现杭州作为全国文化创意产业中心城市的地位。

3. 地域特色

文化创意产业涵盖的行业范围非常广泛，2010 文博会将以杭州的文化特点、城市背景和产业特色为举办基础，提出"创意生活节"概念，在展区的划分和布局上既对历史文化有所传承，又符合时代潮流的发展；同时，兼顾主会场和分会场的不同特点，设置一批"文化创意体验点"，通过互动参与的形式，体现出杭州文化创意产业的包容性，更展现出杭州文化创意产业的发展重点和发展趋势。

4. 资源深化

2010 文博会将努力深化专业资源，按照文化创意产业链的分布情况，有重点地邀请具有前瞻性和引领价值的机构和个人加盟，通过展示、互动、演讲、研讨等各种形式，产生思想上的碰撞，留下对于产业发展以及杭州城市创新具有指导作用和实践价值的成果，充分体现出文博会的专业化。同时，有意识地培育专业的展区和项目，通过大平台的演练和扶持，使之逐步发展为具有专业深度和成熟运作模式的专业展览。

5. 产业对接

2010 文博会将在筹备阶段把重点放在把握产业契机，创造和开拓新的商机，用各种方式实现创意产品（作品）与企业（市场）的产业对接。我们将组织多场投融资洽谈会，多项商贸对接活动以及多种项目考察活动，使参展企业与意向客户和专业观众进行有效的沟通与交流，深入商榷和洽谈，促进交易和贸易的实现，从而真正实现文博会的产业化突破。

6. 主题鲜明

2010 文博会的展示布局，将围绕"主题鲜明、点面结合"的布局原则，按照展馆的空间结构，划分成 4 个主题展馆、18 个展区，每个展馆采用统一的色彩和视觉元素，便于识别和记忆；每个展馆中的各个展区，在尊重参展单位特装要求的基础上，进行相对统一的规划，以追求展示的逻辑性和艺术感，使展示效果最优化。

7. 全民参与

本届文博会期间将推出"创意生活节计划"，通过举办体验点活动、创意生活音乐节、"意杭州"市民创意设计大赛、青少年机器人创意大赛、西湖创意市集等互动性、参与性较强的活动，鼓励与引导杭州市民，特别是大学生、青少年群体积极参与并支持文创产业的发展，形成"全民参与，各界支持"的良好产业发展格局。

第四部分　主体项目版块（文博会版块）

本届文博会的主体版块由主会场的"2010 中国杭州文化创意产业博览会"（主展项目）和"2010 中国杭州第五届印文化博览会"（共享项目）、分会场和部分园区的各类活动，以及若干专业的论坛和活动组成。下面分别进行说明：

一、2010 中国杭州文化创意产业博览会

根据文化创意产业的行业分类、发展方向、不同地域及不同功能，共分为 4 个主题展馆、1 个配套馆和 18 个展区。下面主要介绍 4 个主题展馆：

1. 城市创新馆

城市创新馆展现本届文博会的主题意义和杭州文化创意成果。此馆分为以下四个展区：

（1）"主题演绎"展区。此展区向参观者展示一段富有象征意味的环幕影片，能够用艺术和创意的形式进一步强化观众对于杭州文化创意产业发展战略的理解。

（2）"城市创意"展区。此展区将展示杭州各城区及产业园区的文创产业发展情况。同时，重点推出城市"会展创新"单元，展示杭州接轨上海世博会，创新城市会展产业发展模式的成果，并对 2011 年的世界休闲博览会进行宣传。

（3）"设计生活"展区。此展区主要展示与城市生活息息相关的创意广告、家具装饰、茶具茶席、园林景观、休闲旅游等方面的设计与产品，综合展示创意和创新在日常生活中的应用。

（4）"新媒体"展区。此展区展示现代传媒业、广电机构、网络媒体和新媒体等产业领域的创新成果，展示国内外高科技数码互动娱乐技术和主流产品。

2. 文化传承馆

文化传承馆主要呈现杭州的文化积淀和传承，分为三个展区：

（1）"印文化博览"展区。即 2010 中国杭州第五届印文化博览会。此展区由西泠印社集团有限公司组织，主要展示各地具有文化特色的印石，以及全国著名工艺美术大师的优秀作品。

（2）"工美创新"展区。此展区以各类工艺美术作品的展示交流为主，旨在促进区域、企业与个人在工艺美术领域的交流、合作与发展。

（3）"非物质文化遗产"展区。此展区通过技艺展示和作品展示相结合的方式，重点反映浙江范围内的非物质文化遗产的保护成果。

3. 国际创新馆

国际创新馆展示国际上不同门类的设计作品，开拓视野，为国内设计界和企业界搭建合作平台，分为两个展区：

（1）海峡两岸和香港展区。此展区主要展出海峡两岸和香港的创意设计机构以及独立设计师的创意设计作品，以便各方在同一平台上进行展示和交流。

（2）"先锋力量"展区。此展区展示意大利、爱沙尼亚、巴基斯坦、日本等国的各类创意设计作品（产品），是具有前瞻性创意理念的展示平台。

4. 设计创新馆

设计创新馆汇集国内外院校、行业机构、企业和个人的创意作品（产品），共同展示其在产业实践中的创新运用，分为两个展区：

（1）"院校设计"展区。此展区的作品来自杭州各大知名高校如浙江大学、中国美术学院、浙江工业大学、杭州师范大学等，还邀请了清华大学等高校参与，共同探寻文化创意学术前端意识。

（2）"工业设计"展区。此展区的作品由三部分组成，即德国 IF 设计奖获奖作品、2010 年首届中国（杭州）国际工业设计周优秀参展作品，以及 2010 "创意杭州"工业设计大赛获奖作品。

另外，配套服务区主要通过讲座和互动的方式，深化展示主题，强化展示内容，分为"现场讲座"专区和"青少年机器人创意大赛"专区。"现场讲座"专区在现场设置两个半开放式会场，每天举办各种不同主题的讲座，以交流的方式深化展示；"青少年机器人创意大赛"专区是青少年的创意技能比拼舞台，以机器人大赛的作品为主，以互动的方式提升现场气氛。

5. 主会场广场

（1）西湖创意市集。占地面积 1 500 平方米，由杭州酷迪动漫制作有限公司策办，以市集的方式，集中展示在杭高校及国内大学生创意团队原创的作品，并开展相应的交流及产业合作活动，该活动至今已连续举办二十余届。

（2）舞台互动区域。广场中心舞台将安排五天不间断的各类表演活动，包括创意音乐、创意调酒、创意签售等。

（3）低碳艺术装置大赛。以"低碳城市"为主题，在广场上将设专区，开展创意装置对抗赛，邀请大学生及爱好者参与现场活动，形成互动。

二、2010 中国杭州第五届印文化博览会

该展览是文博会主会场的重要共享项目，即"文化传承馆"内的"印文化博览"展区，是由西泠印社集团有限公司组织的大型文化类专业展览。

该展览与主展项目空间共享，但拥有独立的展会品牌和运作模式，包括招展和专业观众邀请，但开幕式以及宣传等方面与文博会资源共享。

三、分会场及部分园区活动

分会场是文博会主会场活动的一个重要延伸与拓展，地点主要设在各区县（市）的文创产业园区、街区和企业。每个分会场有其各自的特色，通过展示、演出、举办论坛等不同的活动形式来展示杭州创意产业的生命与活力。

本届文博会计划设立三个分会场：

1. 凤凰国际分会场（之江文化创意产业园）

重点举办全国设计师作品与产品展示、创意艺术展、名人名家作品展、专业论坛讲座、杭州创意生活·热波音乐节等活动。

2. 浙窑陶艺公园分会场（运河天地文化创意园）

重点举办陶瓷设计艺术精品展、设计艺术论坛等活动。

3. 古墩路天亿家居文化创意产业园分会场

重点举办中国（杭州）古墩路"创意家居、时尚生活"体验展、天亿之星——2010杭州室内设计大赛颁奖典礼、顶级家居产品体验展、民居建筑绘画联展、设计师作品展等活动。

此外，下沙和达文化创意产业园、下沙电子商务园、乐富智汇园二期、长城 F317 创意产业园等文创产业园区也将在文博会期间相继开园。

各分会场具体活动内容由各区县（市）自行策划实施，上报文博会组委会确认后，统一纳入管理和宣传范围。

四、专业论坛及活动（赛事）

本届文博会的主体项目还包括众多具有相当专业高度的论坛和活动。

1. 专业论坛

（1）2010 首届国际纹样创意设计论坛。此活动由杭州市人民政府和中国美术学院主办，依托国际纹样创意设计大赛，邀请全球各界从事创意设计的总监、职业设计师、专业设计公司（设计工作室），以及国际设计专业院校的教师和学生参与，重点探讨全球化视野下纹样产业的发展和创新，并确定产业的发展前景和规划。

（2）中国（杭州）艺术品收藏与鉴赏高峰论坛暨中国古代书画艺术大展。此活动由中国文学艺术界联合会、浙江省委宣传部、杭州市人民政府、西泠印社主办，是中国非国有艺术品收藏领域内最权威和专业的论坛之一，并作为主题论坛，吸引政府管理部门、行业组织，以及各界专家、收藏家和爱好者参会，以开放的形式讨论中国艺术品收藏和鉴赏产业的发展之道。

（3）第三届中国城市会展业高峰论坛暨政府主导型展会创新发展论坛。本届论坛由中国会展经济研究会和杭州市人民政府主办，杭州市发展会展业协调办公室、浙江大学城市

学院以及杭州市会议展览业协会承办。本届论坛将紧紧围绕世博会这一平台，通过专家演讲、高端对话、案例点评、业界研讨等多种形式，结合理论与实践对世博会进行解读并吸收"营养"，着眼于"后世博时代"中国城市会展业发展的有效途径，从而加快杭州会展业以及中国当代会展业的国际化发展步伐。

（4）中国文化创意产业园区建设高峰论坛。此论坛由光明日报社、浙江省委宣传部、杭州市委宣传部主办，浙江省文化产业促进会和杭州市文化创意产业办公室承办，邀请国内外著名文创产业领域的专家、学者和新闻媒体，与国内各文创产业园区的相关人员共同探讨园区建设的未来模式，突破瓶颈，寻求发展。

（5）"创意香港 品牌中国"杭州研讨会。此研讨会拟由杭州市人民政府和香港贸易发展局共同主办，中国国际贸易促进委员会杭州市分会和杭州市文化创意产业办公室共同承办，中华人民共和国商务部台港澳司作为支持单位，旨在引导企业申请专利和境外商标注册，帮助企业培育自主品牌，提升国际竞争力。届时，由香港贸易发展局邀请有关品牌打造、专利授权、专业设计的国际专家作为演讲嘉宾向杭州企业分享经验。

（6）2010中国创意市集首届年会。由文博会组委会举办，针对全国不断涌现的"创意市集"现象，邀请各地相关政府部门以及创意市集的掌门人、媒体、专家等，共商创意市集的发展方向，制定规范运作的标准，以促进民间创意力量的不断壮大。

2. 产业洽谈

（1）2010杭州文化创意产业投融资洽谈会暨项目签约仪式。组委会将邀请国内外知名金融机构、企业与文化创意项目的相关人员共聚一堂，通过项目推介、答疑交流、现场签约等形式，实现资本与项目的对接，同时，附设大学生创业投资配对会，帮助企业应对金融危机，提供投资选择，促进产业发展。

（2）数字博物馆（展示馆）技术发布会。此发布会由杭州市市科技局、园文局、规划协会等单位共同举办，邀请国内在该领域内领先的企业进行新技术发布和新产品的交流推广，并组织业内企业、各相关博物馆和展示馆的负责人参会。

（3）工业设计创新系列专题交流会。此洽谈会主要由杭州市经济和信息化委员会牵头组织，通过工业企业、设计机构和专家学者的系列交流座谈，促进工业设计与工业企业的对接，提升产业品质，推动行业发展。

（4）西泠印社"金石"艺术拍卖会。2010中国杭州第五届印文化博览会配套项目，将通过展示、交流、拍卖等活动，进一步提升印文化博览会办展档次及运作水平，打响西泠印社品牌。

（5）杭台文化创意产业合作发展交流会。由杭州市人民政府主办，杭州市市台办、文创办、动漫办承办。邀请100家台湾企业来杭，共同交流发展文化创意产业方面的成功经验，推介产业合作项目，进行产业合作签约。

（6）创意力量大讲堂。创意力量大讲堂由杭州市文化创意产业办公室、杭州日报报业集团、杭州市拱墅区委宣传部、浙江省创意设计协会主办，创意力量中国网承办。创意力量大讲堂旨在网聚创意经济领域的研究专家、成功企业家、新锐创业者和优秀创意人，面向广大创意阶层搭建一个"名家开讲、人人参与"的互动交流平台，为杭州成为全国文化创意产业中心营造良好的信息交流与人才培养环境，为构建学习型、创新型城市提供有效的动力支持和载体支撑。

3. 专业活动

（1）2010 首届国际纹样创意设计大赛及颁奖典礼。此活动由杭州市人民政府和中国美术学院主办，以"传统再生、多元共荣、无界设计、创意生活"为主题，吸引全球各界从事创意设计的总监、职业设计师、专业设计公司（设计工作室），以及国际设计专业院校的教师和学生参与不同艺术门类的设计作品投稿，具有深厚的专业性和浓郁的时尚感。

（2）2010 年首届中国（杭州）国际工业设计周。此活动由杭州市人民政府、中国工业设计协会、中国光华科技基金会以及中国机械工程学会工业设计分会主办，杭州市市经委、文创办、科技局和工业设计协会承办，通过组织开办论坛、展览、大赛等形式多样的活动，推广设计理念，强化设计意识，营造设计氛围，展示设计成果，挖掘设计人才，扩大杭州在设计领域的影响力，努力打造"杭州设计"品牌，推动杭州工业设计产业的发展。

（3）2010 杭州知识产权保护行动。由杭州市知识产权局牵头，联合杭州市工商局、杭州市版权局以及知名律师事务所，组成法学专家团，实施"2010 杭州知识产权保护行动"，从专利、版权和商标三个方面入手，开展包括知识产权投诉受理、普及咨询、专题讲座、现场维权及援助等服务，并推出《知识产权保护实用手册》，进一步提升参展商的信心，有效地保障文博会的健康发展。

第五部分　创意生活节版块

2010 年首次推出的创意生活节版块，目的在于营造良好的城市文化创意氛围，提高大众参与的积极性。其形式包括在全市范围设置 39 个创意生活体验点，并整合各类与创意生活密切相关的赛事活动，力求形成"全民参与、互动发展"的良好氛围。

一、世界体育电子竞技大师赛（WEM）

主办单位：杭州市人民政府、韩国《中央日报》。

承办单位：杭州市体育局等。

主要内容：世界电子竞技大赛（World Cyber Games，WCG）创办于 2000 年，是一个全球性的电子竞技赛事。大赛以推动电子竞技和动漫游戏业的发展为目标，促进人们在网络时代的沟通、互动和交流，使人类生活和谐愉快。届时将有来自荷兰、瑞典、韩国、中国等地的世界级精英战队和大师选手参赛，预计全球将有 1 亿名观众收看赛事网上直播。

活动时间：2010 年 10 月 26 日—11 月 2 日。

二、金荷奖·第二届中国杭州青年数字电影大赛

主办单位：杭州市委宣传部、杭州市文学艺术界联合会。

承办单位：杭州市电影电视家协会等。

主要内容：针对日趋流行的数字电影以及电影产业中数字化手段的应用，推动国内电影工业革新及数字电影业发展，大赛将通过专家评选和公众参与两种方式，评选出优秀的青年数字电影作品，培育青年艺术人才。

活动时间：2010 年 6 月中旬—11 月底。

三、杭州创意生活体验活动

主办单位：杭州市文化创意产业办公室、杭州市西湖博览会组织委员会办公室。

承办单位：杭州文博会组委会办公室。

主要内容：安排推出39个参与性、互动性、体验性较强的创意生活体验点，引导市民群众特别是大学生、青少年群体积极参与各体验点的互动活动，通过活动使市民群众更为贴近创意、参与创意，营造全民参与的良好产业发展环境。

活动时间：2010年9月20日—10月18日。

四、杭州创意生活·热波音乐节

主、承办单位：杭州西湖国际博览有限公司、杭州酷迪动漫制作有限公司、北京热波文化传媒有限公司等。

主要内容：以创意为主题，以设计作品展示交流为载体，以音乐为元素，以之江文化创意产业园区为平台，创新推出的首届创意生活·热波音乐节将参照欧美及中国台湾、香港等地的"乐活"生活节举办模式，成为规模较大，专业性、互动性较强的文化创意体验活动。

活动时间：2010年10月2日—4日。

五、中国（杭州）古墩路"创意家居、时尚生活"体验展开幕式暨天亿之星——2010杭州室内设计大赛颁奖典礼

主办单位：杭州市西湖区委员会、杭州市西湖区政府、杭州市文化创意产业办公室、中国室内设计学会杭州分会。

承办单位：杭州市西湖区三墩镇人民政府、杭州市西湖区文化创意产业办公室、浙江天亿集团有限公司。

主要内容：通过举办中国（杭州）古墩路"创意家居、时尚生活"体验展、天亿之星——2010杭州室内设计大赛暨家居产品体验展，以及夏克梁、汪梅老师民居建筑绘画联展和设计师作品展等活动，展示杭州家居设计、室内设计的实力，引导市民参与家居设计体验，交流研讨行业发展趋势，推动杭州室内设计产业和家居设计产业的发展。

活动时间：2010年10月17日—24日。

六、杭州青少年智能机器人创意大赛

主、承办单位：杭州市文化创意产业办公室、杭州市教育局、杭州青少年活动中心。

主要内容：发动全市中小学现有60余支智能机器人创意团队参赛，通过设计、编程、项目竞赛等活动，激发全市青少年的创意灵感，培养青少年的创新意识和创新能力，提升青少年的创意素质。

活动时间：2010年8月—10月。

七、杭州中小学生创意市集

主、承办单位：杭州青少年活动中心。

主要内容：发动全市中小学现有创意团队，集中展示交流青少年创意作品，创新推出青少年创意体验活动，引导青少年群体广泛参与。

活动时间：2010 年 8 月—12 月。

八、"意·杭州"创意设计大赛

主、承办单位：杭州文博会组委会办公室。

主要内容：设置创意主题，充分发动市民群众特别是在杭高校大学生广泛参与创意设计大赛，采取征集、评选、展示、宣传等方式，发掘民间本土的草根创意力量，营造良好的人才培育环境。

活动时间：2010 年 6 月—10 月中旬。

九、"创意生活"低碳艺术装置大赛

主、承办单位：杭州文博会组委会办公室。

主要内容：以倡导低碳、环保、绿色生活为主题，组织邀请香港、台湾有关高校及中国美术学院等在杭高校的大学生各 10 名，在文博会主会场现场举办艺术装置大赛，同时邀请设计师现场指导市民参与设计装置活动，提升市民参与创意活动的积极性。

活动时间：2010 年 10 月 15 日—18 日。

十、西湖创意市集及市民"乐创"活动

主办单位：杭州市文化创意产业办公室。

承办单位：杭州酷迪动漫制作有限公司。

主要内容：以市集的方式，集中展示在杭高校及国内大学生创意团队原创的作品，开展相应的交流及产业合作活动。通过落地中北路创意街区的文化创意产品展示交流中心——创意堂，组织国内外文化界、设计界名人开办讲座，组织市民参与交流活动，每周推出参与性、互动性较强的"乐创"体验实践活动，安排设计师指导市民参与创意设计。

活动时间：2010 年 6 月—12 月底。

第六部分　宣传推广

2010 文博会将进一步加强宣传的针对性和有效性，不仅充分考虑整体文化创意氛围的营造，还将在不同的阶段设定不同的宣传重点、宣传形式和宣传媒介，使文博会在知名度和影响力上均得到最大限度的提高。

第七部分　观众组织

博览会观众的组织和邀请将关系到 2010 文博会的产业含量，须力求为展商寻找到可以合作和交易的对象，为前来参观的观众打造一个兼具国际性和专业性的文化创意博览盛会，为此，应做到以下几点：

1. 对已有的专业观众的维护和邀请

实施对以往的参展商和专业观众客户的维护计划；设立专业观众预登记系统；进行新客户调研，了解需求，发出郑重邀请。

2. 企业、投资商和风投公司的定向组织

由浙商协会等机构组织文博会，主要参与者为长三角地区的民营企业、民间投资者。

3. 通过媒体宣传和推广邀请

通过行业内专业网站、杂志、报纸等发布博览会信息，以及通过发布户外广告等形式全方位宣传推广文博会，以吸引观众参观。

4. 相关省市专业部门及协会协助邀请

通过省级文化创意管理部门邀请全省范围的专业机构和企业；通过组委会成员单位，组织行业内专业观众参与文博会。

5. 国际合作机构协助邀请

通过与我们合作的美国、英国、意大利、日本、新加坡以及中国台湾和香港等地的专业协会，组织专业观展团赴现场参观、采购。

6. 发动参展商自行邀请

通过向参展商赠送一定量的专业观众邀请函、门票及论坛票等，鼓励参展商邀请自己的客户积极参与文博会。

第八部分　考核评价

本届文博会应从主会场、分会场、体验点及各专项活动的组织工作、项目规模、参观人数、合作签约、落地资金等方面，采用先进的方法，建立系统的数据库和评价体系，设立奖项。待博览会结束后，由文博会组委会办公室牵头，邀请相关专家对文博会进行科学的考核评价，并进行表彰奖励。

（资料来源：杭州市文化创意产业指导委员会．关于印发《2010中国杭州文化创意产业博览会策划方案》的通知［Z］．2010-09-16．）

2.2.2　会展项目可行性分析的信息管理

可行性分析是通过对项目的主要内容和配套条件，如市场需求、资源供应、建设规模、设备选型、环境影响、资金筹措、盈利能力等，从技术、经济、工程等方面进行调查研究和分析比较，并对项目建成以后可能取得的经济效益及社会环境影响进行预测，从而提出该项目是否值得投资和如何进行建设的咨询意见，为项目决策提供依据的一种综合性的系统分析方法。

会展项目的可行性分析是指在会展项目投资运营决策前，调查研究与拟投资活动项目有关的自然、社会、经济、技术资料，分析比较可行的投资建设方案，预测评价活动项目建成后的社会经济效益，并在此基础上综合论证活动项目投资建设的必要性、财务上的盈利性和经济上的合理性，以及技术上的先进性、实用性，从而为投资决策提供科学依据的工作①。

可行性分析的信息管理是项目管理的重要环节之一，主要包括市场背景分析、项目发展研究、项目风险评估、场地执行分析等。

1. 市场背景分析

项目可行性分析的首要步骤是对项目所处市场背景进行分析。收集各种现有的市场条件数据，结合会展组织机构的状况、客户信息等，对市场的环境背景进行研究，对项目所处行业市场未来的变化和发展趋势作出预判。

2. 项目发展研究

项目发展研究指对项目在市场环境中的可持续发展及发展空间进行判断研究。基于对项目的宏观经济环境和微观市场环境的分析，了解项目的发展状况及趋势，为会展企业制定市场战略、评估项目风险提供参考。

3. 项目风险评估

每个项目都会存在一定的风险因素，包括政策风险、财务风险、市场风险和技术风险等。因此，会展组织机构必须对项目的各种风险进行全面分析、预判评估，采取相应的应对措施，尽量规避或降低风险，避免不必要的损失。

4. 场地执行分析

场地执行分析是指从项目方案的会议、展览场地的条件出发，分析场地是否满足项目准备实施的执行方案所提出的要求，同时也能反向思考项目方案的现场要求是否合理可行。

知识链接

中国国内名展博览会可行性报告

一、展会简介

展会主题：中国国内名展博览会。

展会场地：广州国际会展中心。

主办单位：中国对外贸易中心（集团）。

承办单位：中国对外贸易广州展览公司。

中国国内名展博览会是一个针对在国内举办的各个大小的展览会而举办的展览会，目标参展商是在国内举办的各个大小展览会，目标观众是有意参加各类展览会的参展商。

二、必要性分析

近年来，在全国各大城市举办的各类型的展会数量在不断增加，到 2007 年，全国展会类型已接近 4 000 种。然而，随着全国展会的不断增多，展会的同质化和展会之间参差不齐的质量等问题也在不断地显露出来。

对于参加各类展会的参展商来说，面对众多同类型的展会，他们需要一个平台使其能

---

① 卢晓. 节事活动策划与管理［M］. 2 版. 上海：上海人民出版社，2009：87.

够更直观、更清楚地了解各个展会的信息，以便在选择参加展会时能够作出更适合他们的选择。

对于全国各类展会，尤其是中小展会来说，想要让更多的目标参展商了解自己的展会信息，从而展现自我，打造自己的品牌，从芸芸的竞争者中脱颖而出，同样需要一个平台能够与目标参展商进行面对面的沟通和交流。同时，各大中小展会还可以在这个汇集了各类大中小展会的展览会中，通过与目标参展商的直接交流了解到参展商的需求和对展会的期望，从而使展会能够得到改善和发展。

因此，举办一个以各类参展商为目标，汇集全国各大中小展会的展览会是展览市场发展的需要，同时，这也将有效地促进中国会展业的健康发展。

三、可行性分析

1. 市场定位和分析

（1）市场定位。随着近几年国内展览种类的不断丰富，展览会所能定位的市场范围相当广阔，市场前景良好。本展会主要将市场面向国内展会，并且集中向国内新举办、知名度较低，但潜力较强或者需要通过本展览会达到宣传招商作用的展会进行招展。2001年前，每年中国举办的各类会展超过1 200个，是改革开放前二十几年内国内会展数量总和的10倍。据不完全统计，1998年为1 262个，1999年为1 326个，2001年已超过1 500个。从类型上看，会展已由综合性发展为专业性，如汽车展、工业展、留学教育展等，并有一些专业会展得到了业界国际权威机构的认可。国内目前有147个展览场馆，部分展馆已具备举办国际展会的相应配套条件。会展主办单位除专业会展公司外，各专业协会、中介机构、广告公司、媒体、群众机构、院校等也纷纷加盟。与此同时，会展业为主办者带来了巨额的利润，也带来了经济的空前繁荣，中国的会展业正以每年20%的速度快速发展。据不完全统计，近10年来，中国通过展览实现外贸出口成交额已超过340亿美元，内贸交易额也超过120亿人民币。

（2）市场分析。可分为四个方面：

①内部优势：在整个展览业的发展过程中，随着展会数量的不断增多，以展览本身作为展览主题而举办的展会迎合了展览业的发展需求。展会主办方是实力强大且经验丰富的中国对外贸易中心（集团）。展会举办场馆是拥有全国最优越的会展场地和设施的广州国际会展中心。国内30多个展览会中，只有极少数展览会设立了相关的服务商、法律咨询机构、专业观众检录系统，大多数情况下，参展商和观众在参加展览会时遇到难以解决的一些问题，展会后的情况也无从了解。因此，中国国内名展博览会可以促进各展会之间的交流与学习，在业界形成一股相互促进的良好气氛。

②内部劣势：这样一个创新型的展会在一开始进入会展市场时必然会经受各种考验，例如，展会是否能被群众接受，是否具有发展潜力，能否取得理想的成效等都是我们必须面对的问题。国内尚没有统一的会展管理部门和行业自律组织。根据现行的展览管理办法，国务院各部委及其所属的工贸公司、外贸公司、协会、商会、中国贸促会，以及其行业分会和地方分会、地方政府或省市级外贸主管部门、展览场馆、境外展览机构等都能举办展览会。这种多层次、多渠道办展的局面造成了会展过多过滥的现象，有些地方甚至出现了会展"泡沫"现象，使得会展管理混乱。

③外部机遇：近年来，中国会展业取得了蓬勃的发展，每年举办的展会数量不断增加，加上政府对展览业的重视和对展览业在政策上的支持，为以展览本身作为展览主题举办的展览会提供了举办的必要条件和难得的发展机遇。同时，这是一个前所未有的全新的展会，没有同类型的展会作为竞争对手，这也是一个良好的发展机遇。

④外部威胁：国内知识产权保护意识尚有待加强，展会一旦取得成功，必然导致其他会展业相对发达的城市效仿，一旦形成跟风效应，便会造成恶性循环，影响该新型会展项目的质量与名声，等同于将其扼杀在摇篮里。

2. 展会生命力

（1）项目发展空间：

①展会依托产业：各大小类型展览会和展览会衍生行业；

②市场、地域空间：展览会的目标市场巨大，面向国内各级别展览会；

③政策支持：广州市人民政府大力支持会展产业的发展，在多重优惠政策的支持下，展览会的发展更加顺利；

④创新的展会类型：通过展会来带动展会，是一种前所未有的创新型展会。

（2）项目竞争力：

①展会号召力：展会具有较强的号召力，着力于通过展览会对会展行业里一些方兴未艾的展览会，或者一些需要提升知名度的展会进行大力度宣传和推广，体现以展览回馈来带动展览发展的作用；

②竞争力突出：该项目可以充分利用好我国的会展资源，并且对各类会展信息及会展资源进行有效整合，为参展商、筹展公司与各种展位主办方提供一个交流的平台，促进双方买卖合作，可以让参展商接触到国内更多出色的展会，为他们提供更多的投资机会。

③办展方实力：展会以政府为主要办展发起方，符合政府发展会展业这个新型产业的要求，以做大做强国内会展业；协同大品牌办展机构举办此次展会，吸引力大大提升。

④参展商与观众：参展商与观众范围比较广泛，与国内展会人员有一定交集，但并不形成竞争之势。主要包括各类型展览会的参展商与观众。

四、经济合理性分析

1. 价格定位

由于这是一个具有全新概念的展览会，而且是第一次举办，市场接受程度和知名度不高，因此参展门槛不应设得太高。但考虑到市场上并没有同类型的展会作为竞争对手，伴随着一定的投资风险，因此价格也不能定得太低。为了打造一个相对高质量的、专业的展会，展会的价格应定位为中高端。

2. 风险预测

主办方是展会经验丰富、实力雄厚的中国对外贸易中心（集团），因此在经营和财务方面的风险不会太大，主要的风险问题集中在市场风险方面。由于这是一个前所未有的展览会，举办这样一个展会难免会有一定的市场风险，而市场风险的大小主要取决于国内各类展会对该种展会模式的接受程度。

五、结论

经过对展览会的一系列因素进行分析，可得出这样一个全新的，拥有巨大市场的专业性展会，具有相当大的开发潜力。可行性分析显示其实操性高，只要合理掌握展会的策划、筹备与进行过程，减少弱势，抓住优势，大力开发，市场前景一定相当广阔。

2.2.3 会展项目策划的信息管理流程

会展项目策划中先后衔接各个阶段的管理流程称为会展项目策划的信息管理流程。在项目管理的流程中，每个阶段都有自己的起止范围，同时每个阶段都有本阶段的控制环节。每个阶段完成时一定要通过本阶段的控制环节，才能进入下一阶段的工作。在本节中，我们以卡瑞思博科技发展有限公司的会展项目策划信息管理流程为例进行说明。

展会策划阶段在项目前期确定主办单位、承办单位、协办单位，以及指导单位。同时，根据市场研究调查、展会举办时间、展会场地规划、展会分类、展会主题等信息，对展会项目进行整体的定位。

通过对项目资料的收集及整理归类，筛选出该展会参展商及观众的范围，对参展商及专业观众进行分类。在展商范围确定之后，执行招展招商计划。主办方或承办方寻找目标参展商与观众，划分展区和展位，确定展位价格，编制发放招展函，安排招展分工。在某些展会项目上，主办方或承办方会选择通过招展代理合作来邀约展会目标客户。

根据项目的服务需求，寻找并选定各类型服务供应商。如：场地搭建商、特装搭建、物流仓储、酒店差旅服务、票证制作服务、门禁服务（登记服务）、保安保洁、设备租赁、舞台活动、餐饮服务等。

制订展会项目的营销宣传计划，如网页宣传、微博微信营销推广，以及线下的新闻发布会等。目前会展业的营销宣传领域工作重点转移到了网站建设及微博微信推广，包括域名申请、网站规划制作、网站发布推广以及网站的管理维护、微博微信登载广告、媒体合作新闻报道。一般大型展会都有自己的官方网站来宣传展会项目信息，以促进展会的品牌知名度和社会影响力的提升。

展会现场管理执行阶段，是对展会开幕式活动的安排执行和展会展览现场进行管理。同时，对展会同期举办的相关活动，如研讨会、论坛峰会、表演和比赛等进行管理执行。这两项的管理执行都是在展览期间具体实施，因此，需要制订严谨的现场管理计划，考虑现场管理和相关活动的协调情况，避免冲突。

展会后续资料整理是对整个项目活动举办的情况和所取得的成果进行整理总结。一般对项目收集到的各种信息资料、项目取得的效果进行分析，生成数据报告，以及对项目存在的问题进行总结。

会展项目策划的信息管理流程大致如图 2-1 所示：

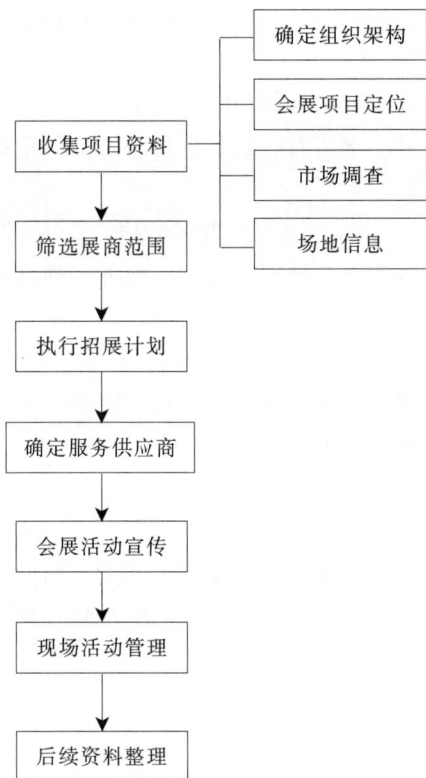

图 2-1 会展项目策划信息管理流程图

2.2.4 商务展览、会议文案策划流程

商务展览、会议文案策划是一项建立在现实生活的基础上，展示展览会议效果，以创意取胜的科学程序。为达到一定的目标，策划人员通过对前期项目的调查与分析，根据实际情况和信息，预测事物的发展趋势，借助科学技术方法和手段，对展览会议项目进行整体的策略规划，从而形成正确的决策，呈现良好的展览会议效果。

文案策划工作流程一般分为三个阶段：项目前期准备、方案现场落实、后续效果总结。

一、项目前期准备

1. 收集需求信息

前期收集与项目有关的各种资料，包括文字、图片以及视频素材等，根据收集到的资料进行筛选分类，进而分析研究，掌握市场现有局势。收集调查的信息范围很广，主要涵盖国家相关政策法规、社会关注热点、同类型项目资料、举办场地情况等。需要强调的是，收集需求信息并不只是相关信息的简单相加，而是对它们进行整合创新。

2. 确定策划目标

项目文案策划的预期效果就是目标，同时也是项目策划的出发点。如果在项目准备期没有确定目标，文案策划则无法开始或进一步推进，也会出现方向上的偏差。因此，应通过明确的目标市场分析，找准项目活动的定位，确定策划目标。

3. 激发策划创意

文案策划的核心在于创意。每一个成功的策划都是创造性思维的过程及结果。文案策划者经过头脑风暴及灵感激发，将所有有效信息整合，为拟定初步方案提供材料。

4. 拟定初步方案

经过前三个步骤的准备，可以进行初步方案的拟定。主要是确定项目的主题和内容，确定参与项目的对象，以及活动举办日期和地点。此外，项目流程及各环节等细节也是方案重点。

5. 调整完善方案

初步方案完成之后要根据项目动态变化作出相应调整，同时还要结合现场实际情况不断完善，以满足项目活动举办的需求。

二、方案现场落实

由于项目活动现场参与人员数量大，涉及事物冗杂，如何把控好现场的各项工作，保证活动顺利进行，对于项目管理者来说是一个极大的考验。只有根据策划方案进行具体实施和程序化管理，才能保障项目活动的顺利进行。

三、后续效果总结

项目后续效果总结是项目成员对整个项目活动举办的情况和所取得的成果进行总结的陈述性文件。一般包括以下内容：项目的性质、项目的进程、项目取得的效果分析和存在的问题、下阶段计划任务等。

商务展览、会议文案策划是一项复杂的系统工程，并且要求策划者具有很强的创造性思维。在策划过程中，要求不断分析、不断创新，以精心的安排来达到新颖别致的效果。

知识链接

第十七届中国国际高新技术成果交易会（以下简称"高交会"）在深圳举办，作为参展企业之一的国信优易数据有限公司，通过对高交会展览会议项目前期的整体策略规划，从展会的概况、参展目标与计划、同期活动计划安排、工作推进计划，以及待解决事宜等多方面统筹，从而形成正确的策划工作，为整个项目的策划流程提供支持。在项目前期针对此次展览和会议活动制作了一份策划流程管理方案：

第十七届中国国际高新技术成果交易会参展策划方案
——国信优易数据有限公司

一、展会情况
1. 高交会基本信息
举办时间：2015 年 11 月 16 日—21 日。

举办地点：深圳会展中心。

举办单位：中华人民共和国商务部、科学技术部、工业和信息化部、国家发展和改革委员会、教育部、农业农村部，国家知识产权局、中国科学院、中国工程院、深圳市人民政府。

承办单位：深圳市中国国际高新技术成果交易中心（深圳会展中心管理有限责任公司）。

2. 第十七届高交会主要内容

主题：创新创业跨界融合。

第十七届高交会由"展区""会议及论坛""活动""高新技术人才与智力交流会""不落幕的交易会"五大部分组成。预计总展览面积超过 11 万平方米。参观嘉宾预计 50 万人次。

其中，会议及论坛包括中国高新技术论坛、国家部委举办的高层次论坛、专业技术论坛等系列论坛和会议。中国高新技术论坛包括开幕论坛、资本市场专场、新一代信息技术产业发展高峰论坛、"一带一路"国际合作高峰论坛、创新创业论坛等。

活动包括交易促进活动和其他相关活动。交易促进活动包括科技创业型小微企业项目资本对接活动、对口买家组织、采购商洽谈会、网上项目配对交易活动。此外还有创客活动、信息发布活动、专业技术交流活动及各团组举办的活动等。

经调研，第十七届高交会"大数据"相关议题活动表，见表 2-1。

表 2-1　第十七届高交会"大数据"相关议题活动表

时间	地点	会议名称	主要议题
2015-11-17（9：30—17：00）	深圳会展中心五楼	互联网金融峰会	大数据下的互联网金融信用风险管理； 互联网金融背景下中小微企业融资创新之道； 大数据、征信等基于数据资产的商业经营模式，如何为互联网金融提供更多服务； 互联网金融创新，新的机会在哪
2015-11-18（14：00—17：00）	深圳会展中心五楼	新兴产业峰会	新一代信息技术的未来趋势及智慧城市发展商机； 信息技术和工业技术融合倍增发展的模式和路径； 借大数据引擎发动互联网时代创新； 电子商务与移动互联网的融合与发展
2015-11-20（9：10—16：40）	深圳会展中心五楼	大数据商务方案与软硬件论坛暨中国企业升级再造论坛	

3. 展馆展区分布

展馆展区具体分布如下，具体见图 2-2。

一号馆：信息技术与产品展、节能环保展、新能源展、海外高新技术成果展；

二号馆：电子展；

三号馆：光电显示触控展；

四号馆：工业和信息化部专馆；

五号馆：中国科学院专馆；

六号馆：智慧城市专馆；

七号馆：商务部专馆；

八号馆：科学技术部展区、农业农村部展区、国家知识产权局展区、高校高新技术成果展区、创业与投资展示洽谈区；

九号馆：省市高新技术成果展区、高校高新技术成果展区、个人技术创新展区；

十号馆（二楼服务大厅）：高技术服务展区、科技创业型小微企业展区。

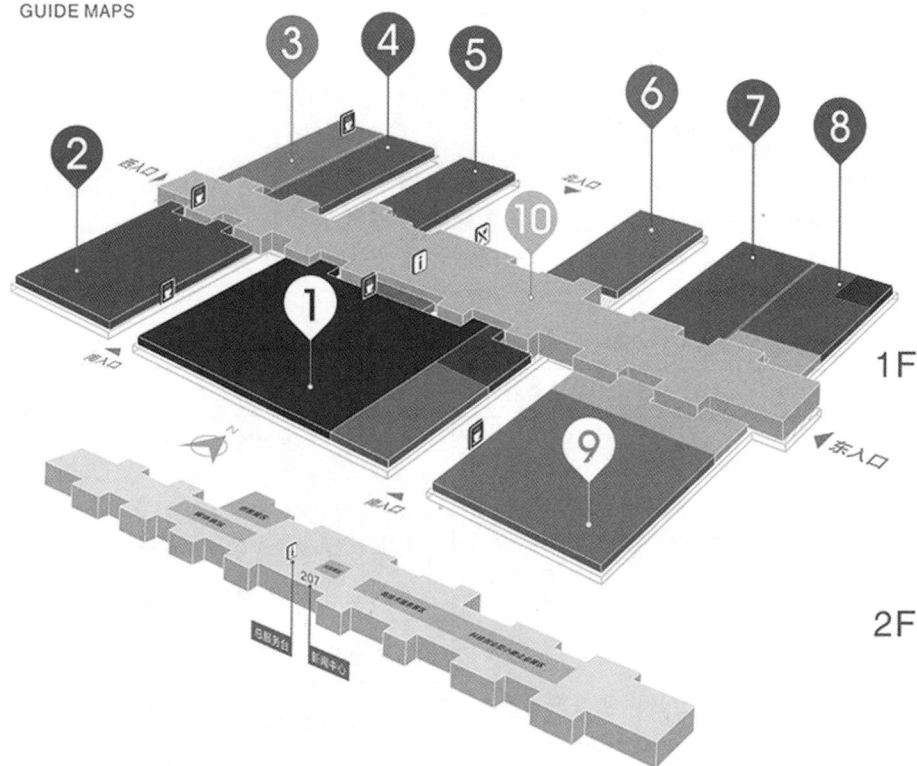

图2-2　展馆展区分布图

二、参展目标

通过展会带来数据和应用方面的供应商资源，有助于平台数据及应用的销售工作顺利进行。宣传在东莞、成都的地方子公司以及和政府的发展前景及合作成果。国信优易大数据交易创新平台上线发布，宣传生态伙伴的团队和产品，协助销售，帮助创新创业基地进行招商，提升国信优易数据的品牌知名度，推动企业发展。

三、参展计划

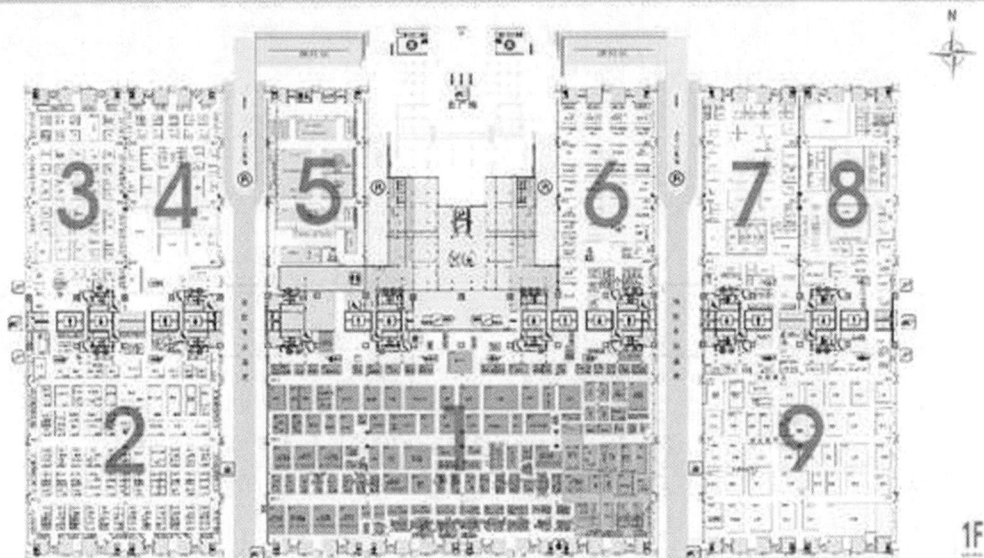

图2-3　第十七届中国国际高新技术成果交易会展位图

初定6号馆6C26（54平方米）和6C29（54平方米）两个展位（具体见图2-3红框位置），选择原因有三：一是6号馆为国家信息中心集中区域，有疑问时方便解决；二是6号馆的主题与我们的发展战略吻合；三是这两个展台各具代表性。拟定展会中各具体事项见表2-2。

表2-2　各具体事项安排表

时间	项目	具体流程	备注
11月14—15日	布展工作	1. 展厅搭建（展厅搭建公司负责，市场部需要跟进搭建情况） 2. 物资储备（托运公司托运资料，市场部同事负责接运物资）	
11月16—20日	现场观众接待	迎宾接待人员发放资料，收集参观人员名片或填写参观人员登记表	需要印刷宣传资料，制作登记表
	招商洽谈	迎宾接待并发放宣传资料—接待人员引导—销售人员沟通洽谈意向—填写意向表	需要销售部作出销售计划及意向表
11月16—17日	重要嘉宾参观引导	迎宾接待及公司领导引导带领重要嘉宾参观展厅—公司领导讲解公司情况及展厅展示区域内容	××负责沟通重要嘉宾参观事宜

（续上表）

时间	项目	具体流程	备注
11月18日	媒体接待	1. 迎宾接待 2. 市场部同事引领媒体记者采访重要合作伙伴	与媒体方面提前沟通好采访时间及采访内容
11月16—20日	宣传资料派发	1. 雇用兼职工作人员流动派发公司宣传单页，以达到品牌宣传的目的 2. 展厅接待人员在展厅位置派发公司宣传册，以达到品牌宣传的目的	
	礼品派发	兼职人员派发公司宣传单页，客户扫单页上的微信二维码关注公众号并注册信息（姓名、邮箱、手机号码等），即可到展厅抽取礼品一份（礼品可设置为iPad Air2、iPhone6、印有公司标识的小U盘、咖啡、免费会员服务体验1个月、纪念钥匙扣等）	礼品需讨论后确定
11月20日	撤展安排	1. 将剩余的宣传资料及礼品打包，安排运输公司寄回北京 2. 展会现场礼仪及兼职人员费用结算	

6号馆6C26和6C29两个展厅的具体设计如下：

6号馆6C26展位为国信优易大数据生态馆。展厅分为五个区域：前台接待区；门楣展示区；接待洽谈区；北京、东莞、成都子公司展示区；四个合作伙伴特别展示位。具体见图2-4。

图2-4 国信优易大数据生态馆搭建参考图

6号馆6C29展位为国家信息中心大数据管理应用中心创新创业基地。展厅分为四个区域：前台接待区；门楣展示区；接待洽谈区；北京、东莞、成都项目展示区。具体见图2-5（此图仅供参考，笔者的思路是将四个区域区分开，每个基地都有一个属于自己的空间区域，这样与客户沟通时互不影响且更方便）。

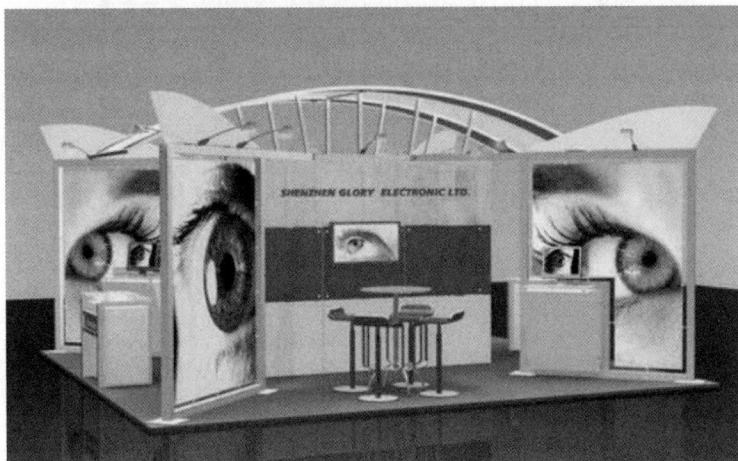

图2-5 国家信息中心大数据管理应用中心创业基地搭建参考图

展会的推广方式有以下几种：展会前发布新闻稿，宣传公司即将参加高交会及举办研讨会的信息；展会现场派发宣传单页，传播企业品牌；与主办方沟通，利用展会现场广播播放公司展厅位置及公司简介；与主办方沟通，租用展会现场的LED屏幕，用于介绍公司基本信息及展示展位号；展厅循环播放公司宣传片，加深参观观众对公司的印象；现场安排对三个基地的领导进行媒体访谈，以提升企业形象（以网络媒体为主，拟定邀请四川省级电视台、东莞地方电视台进行现场访谈）；制作公众号二维码，以展会现场参观观众扫二维码关注公众号即可抽取礼品的方式吸引观众到展厅现场参观。

四、活动计划

1. 研讨会

研讨会主标题为"政府大数据开放与共享机制研讨会"，副标题为"暨国信优易大数据创新平台上线新闻发布会"。研讨会活动安排具体见表2-3。

表2-3　研讨会活动安排表

活动日期	活动环节	活动时间	活动内容
11月15—17日	嘉宾签到；播放宣传片	13：00—14：00	嘉宾出示名片及邀请函登记签到，领取参会资料袋；企业+基地宣传片循环播放
	主持人开场	14：00—14：10	主持人开场及介绍与会嘉宾
	重要嘉宾致辞	14：10—14：15	国家信息中心领导致辞
		14：15—14：20	深圳市人民政府领导致辞
		14：20—14：25	成都市人民政府领导致辞
		14：25—14：35	东莞市人民政府领导致辞
		14：35—14：45	国信优易数据有限公司首席科学家周涛教授致辞
		14：45—14：50	国信优易数据有限公司领导致辞
	合作签约仪式	14：50—14：55	国信优易数据有限公司与北京市丰台区人民政府合作签约仪式
		14：55—15：00	国信优易数据有限公司与成都市人民政府合作签约仪式
		15：00—15：05	国信优易数据有限公司与东莞市人民政府合作签约仪式
	平台发布	15：05—15：15	国信优易数据有限公司平台宣传片播放
		15：15—15：30	国信优易数据有限公司领导介绍国信优易大数据平台情况及优势
		15：30—15：35	重要嘉宾为国信优易大数据平台上线剪彩
	休息时间	15：35—15：45	中场休息
	宣传片播放	15：45—15：50	播放政府数据方向宣传片
	论坛环节1	15：50—16：30	主题：中国大数据发展的机遇与挑战（拟定）；嘉宾主持：1位（拟定国家信息中心领导）；论坛嘉宾：4位（行业知名嘉宾，待拟定）
	论坛环节2	16：30—17：10	主题：政府大数据的共享关键机制；嘉宾主持：1位（建议请周涛教授主持）；论坛嘉宾：5位（建议邀请5位不同行业的嘉宾，如政府、数据安全、教育、法律、硬件等）
	结束语	17：10—17：15	主持人宣布活动结束，嘉宾到晚宴厅用餐

2. 答谢晚宴

晚宴主题为"'数'风流人物——国信优易大数据生态答谢晚宴"，具体安排见表 2－4。

表 2－4 答谢晚宴活动安排表

活动日期	活动环节	活动时间	活动内容
11 月 15—17 日	嘉宾入席	17：15—17：40	嘉宾陆续进入晚宴现场
	开场舞	17：40—17：50	晚宴开始前开场舞热场
	主持人开场	17：50—17：55	主持人开场及介绍出席晚宴的嘉宾
	企业领导致辞	17：55—18：00	国信优易数据有限公司领导致辞
		18：00—18：10	国信优易数据有限公司合作伙伴领导致辞
	致祝酒词	18：10—18：15	主持人邀请国信数据有限公司领导及合作伙伴一同上台致祝酒词开启晚宴
	敬酒环节	18：15—18：30	嘉宾互相敬酒
	节目及抽奖环节	18：30—18：45	节目欣赏（乐器、舞蹈）
		18：45—18：55	幸运抽奖环节
		18：55—19：10	节目欣赏（魔术、书法）
		19：10—19：20	幸运抽奖环节
		19：20—19：35	节目欣赏（歌曲、舞蹈）
		19：35—19：45	幸运抽奖环节
	自由交流环节	19：45—20：00	嘉宾自由交流
	晚宴结束	20：00—20：10	晚宴结束，欢送嘉宾

3. 媒体访谈

11 月 18 日展会现场安排媒体访谈北京、成都、东莞三个基地的领导，采访媒体需提前与被采访者沟通并安排时间；如 11 月 18 日 14：00—14：30 采访北京基地领导；11 月 18 日 14：35—15：05 采访成都基地领导；11 月 18 日 15：10—15：40 采访东莞基地领导。

4. 时间安排建议

关于研讨会及答谢晚宴日期的选择，建议研讨会及答谢晚宴日期放在同一天，在重要嘉宾的时间可以提前安排的情况下，可将活动时间安排在 11 月 15 日下午，原因是 17 日为展会第二天，参会客户大部分都在展会现场参观而不太方便邀请，容易造成活动现场空位诸多的现象，导致冷场，且有些重要嘉宾可能会因 17 日中午或者下午返程而缺席活动。综上，选择展会前一天即 15 日举办研讨会及答谢晚宴，参会客户出席活动的可能性更大，对活动的出席率有更高的保证。笔者已咨询了展馆附近的丽思卡尔顿酒店，并了解到 15 日有场地。

关于媒体访谈时间的安排，建议安排在 11 月 18 日下午，因 16 日和 17 日活动安排比较紧凑，18 日活动较少，可安排媒体访谈。

五、费用预算

参展费用预算、研讨会及晚宴费用预算、宣传视频制作费用预算以及费用均摊明细分别见表 2-5、表 2-6、表 2-7、表 2-8 至表 2-11。

表 2-5　参展费用预算表

支出总项	支出明细	支出单价（元）	预计数量	合计（元）	备注
场地租赁及搭建费用	展位场地租赁费	100 000	2	200 000	6 号馆 6C26 和 6C29 两个展位的租赁费用
	展位搭建布置费	160 000	2	320 000	6 号馆 6C26 和 6C29 两个展位的搭建费用
物品制作费用	宣传资料印刷费	10	5 000	50 000	活动相关资料印刷费用，预计 5 000 份
	礼品制作费	100	1 000	100 000	展会期间所派发礼品的制作费用，预计派发礼品 1 000 份，平均每份礼品制作费用为 100 元
	活动办公用品购买费	3 000	1	3 000	活动期间购买办公用品及饮用水等费用
人员费用	礼仪雇用费	500	20	10 000	两个展台共需要雇用 4 位礼仪，一共 5 天，预计每人 500 元一天
	兼职人员雇用费	300	20	6 000	雇用派发宣传单页兼职人员共 5 人，一共 4 天，预计每人 300 元一天
物品托运费用	物品托运费	5 000	1	5 000	宣传品及展会物资托运费用
出差人员费用	员工出差机票费	3 800	10	38 000	高交会期间需要预计 10 人出差，预计一人往返费用 3 800 元
	员工住宿费	800	30	24 000	高交会期间员工住宿费用，预计共住 5 天，需要 15 间
	员工餐费	25	50	1 250	高交会期间员工（共 10 人）午餐用餐费用预计每人 25 元一天，共 5 天
其他费用	应急费	6 000	1	6 000	不可预见性的费用花销
费用总计				763 250	

表2-6 研讨会及晚宴费用预算表

支出总项	支出明细	支出单价（元）	预计数量	合计（元）	备注
场地租赁及搭建费用	会议室场地租赁费	60 000	1	60 000	研讨会场地租赁费用
	研讨会及晚宴现场布置费	20 000	2	40 000	研讨会及晚宴现场布置及LED屏幕租赁费用
嘉宾费用	重要嘉宾住宿费	1 200	50	60 000	高交会期间重要嘉宾人数预计为50人，住宿时间预计2天，需要房间（标准双人房）25间/天，共计需要住宿50间次，每间房1 200元一天
	接送嘉宾租车费	800	15	12 000	高交会期间重要嘉宾接送服务费用，汽车租赁费用，预计一辆车800元一天，需要租5辆车，共3天
餐费	答谢晚宴餐费	5 000	12	60 000	答谢晚宴用餐费用预计5 000元/桌，共10桌，备2桌
	茶歇费	90	100	9 000	研讨会茶歇环节餐费，90元/位，预计100人
人员费用	主持人聘请费	3 000	1	3 000	论坛主持人聘请费用
	礼仪雇用费	800	5	4 000	研讨会礼仪雇用费用，预计每人800元一天，需要雇用5人
	节目演出费	6 000	1	6 000	答谢晚宴期间节目邀请费用，包括开场舞及中间穿插节目，预计6 000元
	速记员雇用费	1 500	1	1 500	论坛期间速记员雇用费，预计1 500元一天
	媒体车马费	800	5	4 000	论坛期间邀请媒体报道费用，预计800元/家，预计邀请5家媒体
其他费用	应急费	6 000	1	6 000	不可预见性的费用花销
费用总计				265 500	

表2-7 宣传视频制作费用预算表

支出明细	支出单价 （元）	预计数量	合计 （元）	备注
平台＋基地宣传片制作费（后期制作）	200 000	1	200 000	北京优易支付
成都基地宣传片（拍摄＋后期制作）	300 000	1	300 000	成都优易支付
东莞基地宣传片（主要以后期为主）	200 000	1	200 000	东莞优易支付
产品宣传片（后期制作）	100 000	1	100 000	北京优易支付
研讨会活动视频	50 000	1	50 000	三个基地平摊

注：此费用不属于活动经费，宣传片可持续使用。

费用均摊明细分为四个部分：北京优易需要支付费用（见表2-8）、成都优易需要支付费用（见表2-9）、东莞优易需要支付费用（见表2-10）、合作伙伴需要支付费用（见表2-11）。

表2-8 北京优易需支付费用明细表

支出总项	支出明细	费用总价 （元）	均摊金额 （元）	均摊比例 （％）
展会费用	高交会生态馆展厅展台租赁及搭建费	260 000	60 000	23
	高交会基地展厅展台租赁及搭建费	260 000	87 000	33
	宣传资料印刷费	50 000	10 000	20
	礼品制作费	100 000	25 000	25
	活动办公用品购买费	3 000	1 000	33
	礼仪雇用费	10 000	2 000	20
	兼职人员雇用费	6 000	2 000	33
	物品托运费	5 000	1 000	20
	员工出差机票费	38 000	38 000	100
	员工住宿费	24 000	24 000	100
	员工餐费	1 250	1 250	100
	应急费	6 000	2 000	33
活动费用	会议室场地租赁费	60 000	20 000	33
	场地搭建布置费	40 000	13 000	33
	重要嘉宾住宿费	60 000	20 000	33
	接送嘉宾租车费	12 000	4 000	33
	答谢晚宴餐费	60 000	20 000	33

（续上表）

支出总项	支出明细	费用总价（元）	均摊金额（元）	均摊比例（%）
	茶歇费	9 000	3 000	33
	主持人聘请费	3 000	1 000	33
	礼仪雇用费	4 000	1 300	33
	晚宴节日演出费	6 000	2 000	33
	速记员雇用费	1 500	500	33
	媒体车马费	3 000	1 000	33
	应急费	6 000	2 000	33
媒体访谈费用	媒体采访及后续报道	12 000	4 000	33
宣传片制作费用	研讨会活动视频制作费（拍摄＋剪辑）	50 000	16 500	33
总费用			361 550	

表 2-9　成都优易需支付费用明细表

支出总项	支出明细	费用总价（元）	均摊金额（元）	均摊比例（%）
展会费用	高交会生态馆展厅展台租赁及搭建费	260 000	60 000	23
	高交会基地展厅展台租赁及搭建费	260 000	87 000	33
	宣传资料印刷费	50 000	10 000	20
	礼品制作费	100 000	25 000	25
	活动办公用品购买费	3 000	1 000	33
	礼仪雇用费	10 000	2 000	20
	兼职人员雇用费	6 000	2 000	33
	物品托运费	5 000	1 000	20
	员工出差机票费（基地自行安排）	0	0	0
	员工住宿费（基地自行安排）	0	0	0
	员工餐费（基地自行安排）	0	0	0
	应急费	6 000	2 000	33
活动费用	会议室场地租赁费	60 000	20 000	33
	场地搭建布置费	40 000	13 000	33
	重要嘉宾住宿费	60 000	20 000	33
	接送嘉宾租车费	12 000	4 000	33
	答谢晚宴餐费	60 000	20 000	33

（续上表）

支出总项	支出明细	费用总价（元）	均摊金额（元）	均摊比例（％）
	茶歇费	9 000	3 000	33
	主持人聘请费	3 000	1 000	33
	礼仪雇用费	4 000	1 300	33
	晚宴节目演出费	6 000	2 000	33
	速记员雇用费	1 500	500	33
	媒体车马费	3 000	1 000	33
	应急费	6 000	2 000	33
媒体访谈费用	媒体采访及后续报道	12 000	4 000	33
宣传片制作费用	成都基地宣传片制作费（拍摄＋后期制作）	300 000	300 000	100
	研讨会活动视频制作费（拍摄＋剪辑）	50 000	16 500	33
总费用			596 300	

表 2－10　东莞优易需支付费用明细表

支出总项	支出明细	费用总价（元）	均摊金额（元）	均摊比例（％）
展会费用	高交会生态馆展厅展台租赁及搭建费	260 000	60 000	23
	高交会基地展厅展台租赁及搭建费	260 000	87 000	33
	宣传资料印刷费	50 000	10 000	20
	礼品制作费	100 000	25 000	25
	活动办公用品购买费	3 000	1 000	33
	礼仪雇用费	10 000	2 000	20
	兼职人员雇用费	6 000	2 000	33
	物品托运费	5 000	1 000	20
	员工出差机票费（基地自行安排）	0	0	0
	员工住宿费（基地自行安排）	0	0	0
	员工餐费（基地自行安排）	0	0	0
	应急费	6 000	2 000	33
活动费用	会议室场地租赁费	60 000	20 000	33
	场地搭建布置费	40 000	13 000	33
	重要嘉宾住宿费	60 000	20 000	33
	接送嘉宾租车费	12 000	4 000	33

（续上表）

支出总项	支出明细	费用总价 （元）	均摊金额 （元）	均摊比例 （%）
	答谢晚宴餐费	60 000	20 000	33
	茶歇费	9 000	3 000	33
	主持人聘请费	3 000	1 000	33
	礼仪雇用费	4 000	1 300	33
	晚宴节目演出费	6 000	2 000	33
	速记员雇用费	1 500	500	33
	媒体车马费	3 000	1 000	33
	应急费	6 000	2 000	33
媒体访谈费用	媒体采访及后续报道	12 000	4 000	33
宣传片制作 费用	东莞基地宣传片制作费（以后期制作为主）	200 000	200 000	100
	研讨会活动视频制作费（拍摄＋剪辑）	50 000	16 500	33
总费用			498 300	

表 2-11　合作伙伴需支付费用明细表

支出总项	支出明细	费用总价 （元）	均摊金额 （元）	均摊比例 （%）
展会费用	高交会生态馆展厅展台租赁及搭建费	260 000	20 000	8
	宣传资料印刷费	50 000	5 000	10
	礼品制作费	100 000	6 250	6
	礼仪雇用费	10 000	1 000	10
	物品托运费	5 000	500	10
总费用			32 750	

六、推进计划

1. 推进项目组

活动项目组结构框架如图 2-6 所示。

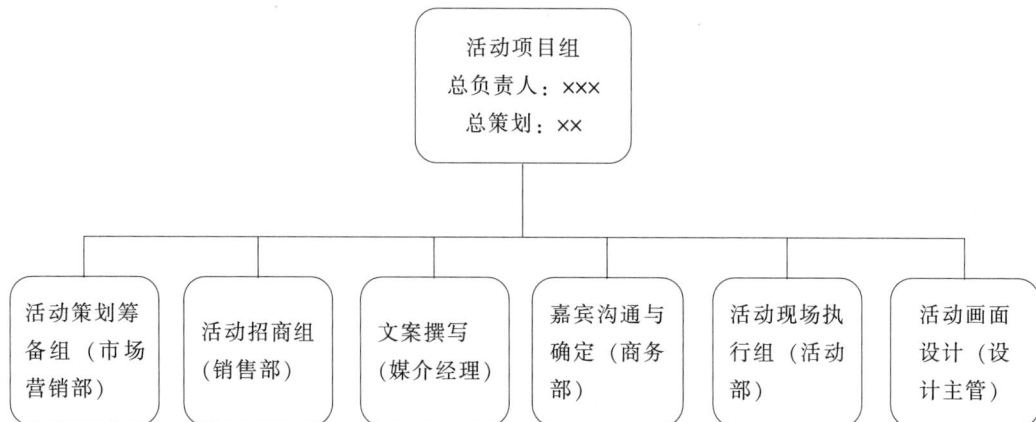

图 2-6　活动项目组结构框架图

2. 推进时间表

推进时间表如表 2-12 所示。

表 2-12　推进时间表

阶段	工作事项	预计完成时间	负责人
准备期	展位确定及合同签订	8 月 21 日前	××
	酒店场地预定	8 月 21 日前	××
	基地合作意向沟通	8 月 21 日前	××
	展厅设计询价（至少询 3 家）	8 月 24 日前	××
	展会及活动策划方案撰写及完善	8 月 30 日前	××
	合作伙伴合作意向沟通	8 月 30 日前	××媒介
	展会期间费用预估及完善	8 月 30 日前	××
	活动招商文件撰写及完善	8 月 30 日前	××
	合作沟通洽谈及确定	9 月 10 日前	××
	研讨会邀请函撰写	9 月 10 日前	××媒介
	宣传资料设计及印刷	9 月 20 日前	设计人员
	展会现场招商方案撰写	9 月 10 日前	××
	宣传稿撰写及发布	9 月 10 日前	××媒介
	展会及活动执行方案撰写及完善	9 月 30 日前	××
	礼品定制及制作	9 月 30 日前	商务部
	参会嘉宾邀请	10 月 30 日前	商务部
	视频制作	10 月 30 日前	××
	活动主持人、礼仪及节目洽谈	10 月 30 日前	活动执行人员

（续上表）

阶段	工作事项	预计完成时间	负责人
	活动物资统计准备	10 月 30 日前	活动执行人员
	展厅画面设计	10 月 30 日前	设计人员
	与会嘉宾时间及住宿确定	10 月 30 日前	商务部
	研讨会 PPT 文件制作	10 月 30 日前	设计人员 + ×× 媒介
	嘉宾发言稿撰写	10 月 30 日前	×× 媒介

七、近期待解决事宜

（1）研讨会是否可以以国家信息中心作为主办方，我公司作为承办方？

（2）我们与合作伙伴的关系，在参展期间该如何展示？是否需要邀请合作伙伴的产品经理参加？

（资料来源：国信优易数据有限公司 . 第十七届中国国际高交会参展策划方案 ［Z］. 2015 － 08 － 18.）

2.3 会展项目策划信息的应用

目前，会展项目策划信息应用以展会项目整体流程为主，结合企业设立的各部门分工进行分类列表。例如企业单位大致分为行政部、人事部、财务部、销售部、策划部、综合部等。展会项目策划的信息管理由策划部门统筹负责，联合其他协助部门，主要分为 4 类：会展立项、招展策划、组织策划及营销推广。

会展立项。会展立项包含项目基本信息，如此次展会的信息、举办机构，调研整理后的立项策划书、可行性研究报告、项目预算以及项目提交。

招展策划。主要是招商招展管理功能，内容包括招商招展方案、招展书，拟邀重要嘉宾的筛选名单及邀请函。

组织策划。到这个阶段已经进入项目执行中期，通过项目进度计划可以查看整体进度，根据进度调整工作；通过活动方案对整个项目现场流程及各细节方案进行管理、人员招募管理等。此外，模块还包含物料管理，即对展会项目所需各设备物料的筹备、制作、运输、组装及运行。

营销推广。此模块是对整个展会项目的营销策划和宣传推广。包含前期制订的营销方案、广告推广和公关方案，中期的新闻发布、活动方案及执行，后期的宣传报道、统计报告报道等。

【课后思考题】

1. 试述会展项目策划中哪个环节最重要，为什么？

2. 请自行选定活动，说说该如何针对所选活动进行前期市场调研。

3 会展项目运营信息管理

3.1 会展项目运营信息管理概述

衡量会展企业能否办好一个会展的标准不仅体现在其所办展会的利润收益上，更在于其招展招商服务的水平上，这在会展现场表现得最为直接和明显，现场信息化管理不仅提升了会展信息化水平和会展形象，更好地为会展参与者服务，更能获得宝贵的会展信息资源并对其加以挖掘利用。每个会展的现场信息化管理都有不同的特点，但通常会展项目信息管理服务都分为展前、展中、展后三个重要阶段。

3.1.1 展前阶段

在会展开始之前，主办方要围绕展会及其参与者处理很多工作，这些事项直接关系到展会的效果，关系到展会参与者对主办方的印象。而会展现场信息服务系统可以帮助主办方从冗杂的事务中解脱出来，达到事半功倍的效果。该系统主要有网页开发和宣传工作、证件设计和制作、参展商管理系统、观众线上登记四大部分。

网页开发和宣传工作。设计制作特定会展项目的官方网站或既有的会展相关网站（见图 3 - 1），以多种技术手段对会展信息进行整合，并发布和宣传，一方面对招展招商信息的有效发布起到了重要作用，拓宽了信息传播渠道；另一方面为观众在网页中查询所需信息提供了便利，可提前对展会有一定的了解，并作出参观的决策。

证件设计和制作。可以根据主办商的要求，设计制作兼容非接触式智能卡、接触式智能卡、PVC 条码卡、纸质条码卡等各种形式的卡证。证件设计和制作是会展项目流程信息化的一个核心步骤，以证件为手段对会展参与人员进行跟踪以及信息管理，可使接下来的流程更完整高效。

参展商管理系统。即通过参展商登记系统对参展人员的信息进行录入以及有针对性地邀约观众，从而实现展商数据系统化管理，避免了人工录入易造成的管理混乱的情况。

图 3 - 1　第二十届高交会官网页面展示图

　　观众线上登记。可以在展会开始之前为观众提供网上在线预先登记服务（见图 3 - 2）。通过预登记可生成能直接用于展会入场的电子票证，在为观众提供方便的同时能够有效避免现场登记区的混乱和排长队现象。

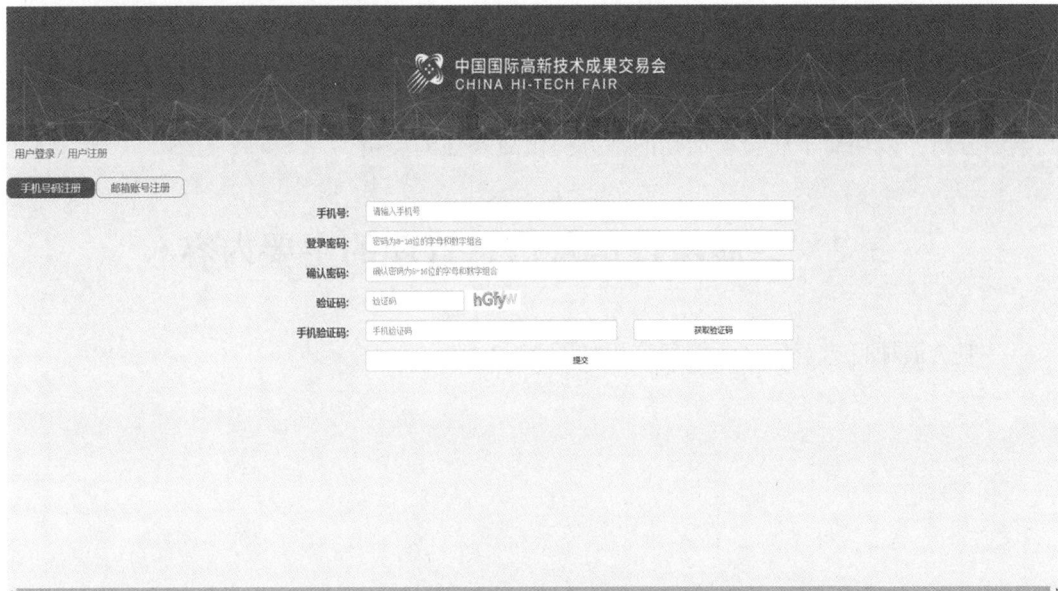

图 3 - 2　第二十届高交会观众线上登记展示图

3.1.2 展中阶段

展中阶段的信息化管理主要分为办证服务、门禁服务和现场调查三大部分。

办证服务是指办理领取证件，共三个步骤：观众信息的采集、录入、处理；打印基本信息；生成个性化证件。支持多种方式办证：个性化的人工办证；快捷的自助机办证；简便的手机办证。

门禁服务是会展项目运营信息展中阶段的关键部分，既能保证展会安全高效的进行，也可以采集信息数据，对展会的顺利进行发挥着重要的作用。实现方式有 PDT 验证、闸机以及人像比对等。但门禁服务在执行中也会存在一定的难度，如门禁在高峰期会有负荷，数据发生量大，数据采集的任务重，对设备处理数据的能力要求高。

现场调查主要是针对观众和参展商两方面。在登记注册时，对观众进行问卷调查；在参展结束后，对观众进行意见收集。另外，在展会的后半阶段，对参展商相关负责人进行的调查访问也是一种有效的调查。

3.1.3 展后阶段

展后的信息管理是每个会展项目运营的重要环节。通常分为数据统计分类、营销推送分析、展后分析报告三大部分。

数据统计分类即通过后台系统清晰详细地记录观众的信息，同时利用后台的统计分类功能，对数据加以分析，以便后期的数据导出以及再利用的顺利进行。

营销推送分析即通过后台了解营销推送效果，分析观众对广告推送内容的感兴趣程度，为会展主办方的二次营销提供有效的数据支持。

展后分析报告即会展后期生成的展会数据分析报告，可以总结展会情况及运营经验，是提高办展水平的重要途径。数据报告基于项目前期确定的收集信息的方式和方法，设计成调查问卷，搜集统计有关信息数据，最后通过对收集的数据进行观众质量、运营效果等因素的分析，以期对下届会展活动的举办提供战略性的支持。

3.2 会展项目运营信息管理的主要内容

一般会展项目运营信息化管理流程如图 3 - 3 所示。

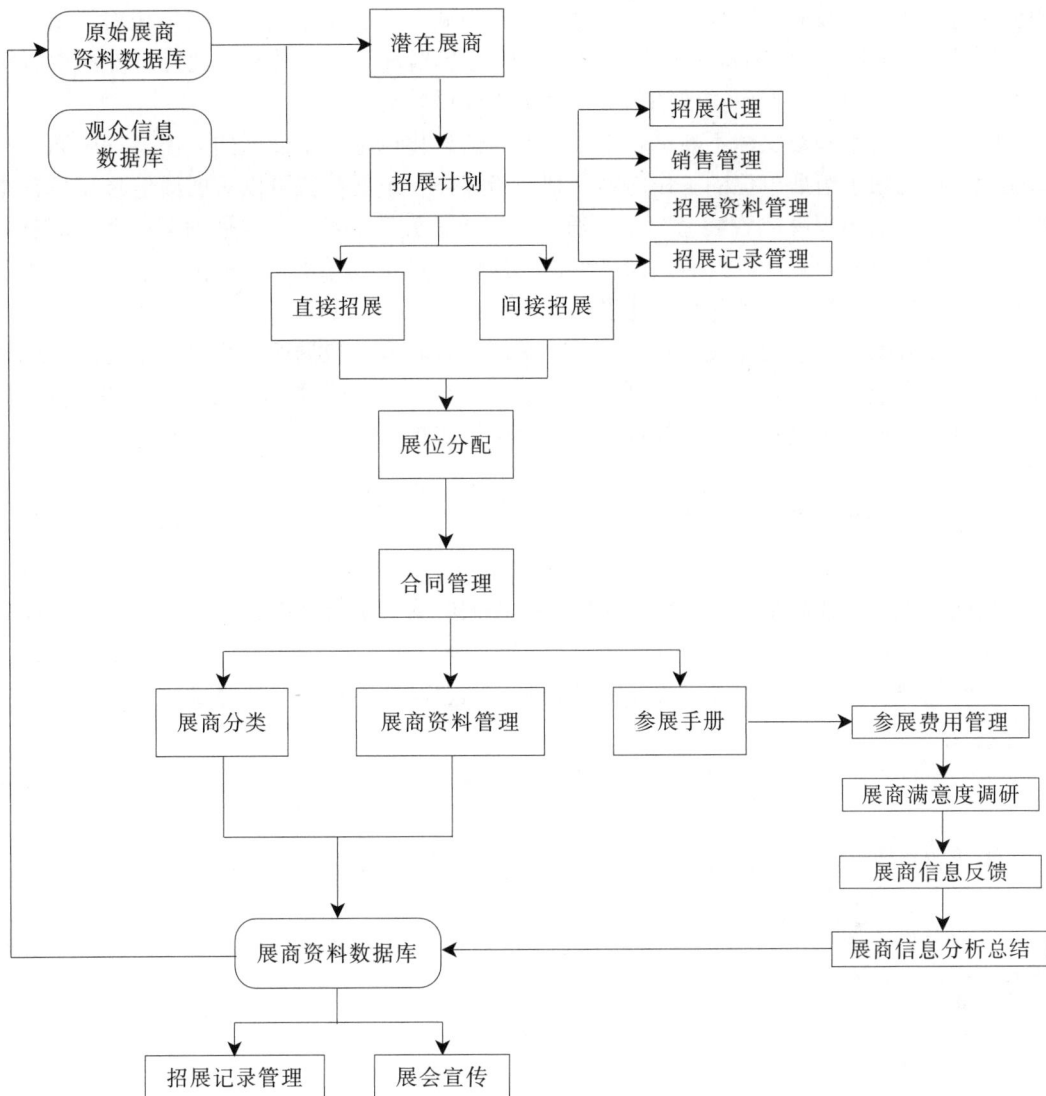

图 3-3 一般会展项目运营信息化管理流程图

建立主办方管理信息系统可以管理展会项目的立项、策划、新闻发布会、高峰会议、研讨会议等方面的运营；综合管理评估展览项目的收支和盈利情况；有效管理展位销售情况及发掘参展商客户；系统管理专业观众的信息；实时与展览服务商协调沟通；及时收集相关展会信息和参展商信息。

主办方管理信息系统的功能包括参展商信息库建设、招展代理管理、招展联络管理、展位实时管理、财务管理、观众邀请和观众信息管理。

3.2.1 参展商信息库建设

参展商信息库建设的信息来源通常为工作人员进行更新录入。一般从行业企业名录、商会和行业协会、政府主管部门、专业报刊、同类展会、各地专业网站收集相关最新的数据信息录入。同时，以 Excel 表格形式对往期原有数据进行导入补充。此外，外网设置填写页面让外网用户、参展商在前期预登记时进行注册填写。

随着信息技术和新媒体不断更新进步，展会信息化也融入了发展的大流。参展商信息库建设不再局限于组展单位的工作内容，利用新媒体，组展单位可以对展商信息实行自主化管理。在微信小程序"看展会"中，通过组展单位设置的链接，参展商可以登入信息系统，自行录入企业信息，进行后期信息维护。这种信息录入方式，一是保证了信息库内部信息的准确度，二是简化了信息库建设的操作流程。

参展商数据库信息的组成包括参展商公司信息和联系人数据库、客户原始记录、统计分析资料、企业投入记录、潜在参展商数据挖掘、参展商分类管理、参展商参展史管理、优良记录、参展商级别管理等。信息库的建设可以实现多次展会间的信息重复利用。

3.2.2 招展代理管理

招展代理管理即利用合作单位合作招展，扩大展览会销售范围，且需支付相应的代理佣金。一般包括以下几种代理管理方式：

透明代理。主办方和代理方都已明确参展合同金额，并且严格遵照参展合同金额支付佣金。

不透明代理。主办方不明确参展合同金额，只有代理方知道，代理支付金额遵照代理合同。

半透明代理。代理支付金额部分为佣金，部分为其他（如奖励、惩罚、广告费、邮费、宣传费、劳务费等）。

代理过程管理。在 CRM 管理系统中建立代理业务员当前展会的电话备忘和联系进展情况。内容包括对招展中人员、过程、收费的管理。

招展人员管理。如招展人员个人信息、登录管理、销售情况以及当前工作查询等。

招展过程管理。如电话记录、交流过程、当前状态、交费情况、展会服务预订情况等。

展会招展业务的核心就是展商管理，招展过程就是对客户跟踪的过程，也就是让潜在的展商、代理商、展团能发展成为真正的展商、代理商和展团。

招展业务员在登录系统选择操作展会后，在展会招展功能菜单中的所属展商管理界面，将会看到分派给自己的客户资料。通过展商管理页面提供的功能按键，可以完成如展商联系、服务及展位购买、展商调查问卷和合同文档等展商服务的销售操作。[①]

展商管理分为全部展商管理和所属展商管理。

全部展商管理是指对当前展会招展过程中所有潜在展商信息的管理，即分派给所有招展员展商信息的管理。全部展商管理包括全部展商单位信息、展商联系人信息、联系日志、收支计划、票据记录、消费服务、参展展品、相关文件、参与活动、调查表、订购的展位等信息的管理。此项功能解决了在展会招展中对信息不作分派，由某一个人对当前展

---

① 张素. 会展信息管理［M］. 2 版. 北京：清华大学出版社，2017：127.

会所有信息进行操作的问题，也解决了在展商已分派的情况下，由于个别原因业务人员暂时不在，由其他人员代替其完成招展工作的问题。全部展商管理功能一般授予项目经理或与项目经理权限类似的管理人员。

所属展商管理是指销售员对派给自己的展商信息的管理。销售人员可以通过系统提供的网络、邮件、短信等通信工具联系客户、跟踪客户服务。

3.2.3 招展联络管理

联络方式的管理分多个联系人和多种联系方式两部分。多个联系人包括搭建、运输、宣传、总协调等联系单位及联系人；多种联系方式包括信笺、电话、邮件、传真、短信、视频会议、外网访问等。

联络过程的管理除了涉及不同联系单位和联系人的联系方式以外，还需要对多种联系方式的联络过程和查询记录进行保留。主要包括以下联络方式及相应系统：

召开会议——会议记录模块；

召开电子会议——NetMeeting 集成系统；

寄信——文档管理模块＋报表生成模块＋信封打印模块；

打电话——电话号码管理模块＋电话集成系统；

发送邮件——文档管理模块；

发送传真——传真集成系统；

发送手机短信——手机短信集成系统；

外网访问——外网模块。

3.2.4 展位实时管理

展位实时管理有利于展位的有效分配及预订，能够防止展位的乱价倒卖现象。内容包括以下四个方面：①利用 GIS 通过电子地图，能够提供道路导航、实时交通、路线规划等功能。结合 GPS 可以实现位置服务、记录场馆信息；②展位划分；③设计展位图、标记展位号；④展位价格自动计算。

实行展位实时管理的模块主要有三个，即场馆租赁模块、展位分配模块以及展位查询与统计模块。

一、场馆租赁模块

场馆租赁模块包括记录馆号、面积、开幕时间、注意事项、大致地图、展位划分等。前期设计出展位图，然后标定展位号。录入展位价格后，可自动计算展位租赁费用。

二、展位分配模块

展位分配模块主要包括三种分配方式：智能分配方式，即根据展台要求、合同金额、展品类别自动分配，然后再进行自定义修改；连线分配方式，对展商与展位进行连线；GIS 分配方式，即在展位示意图上选展商，展位图示例见图 3 - 4。

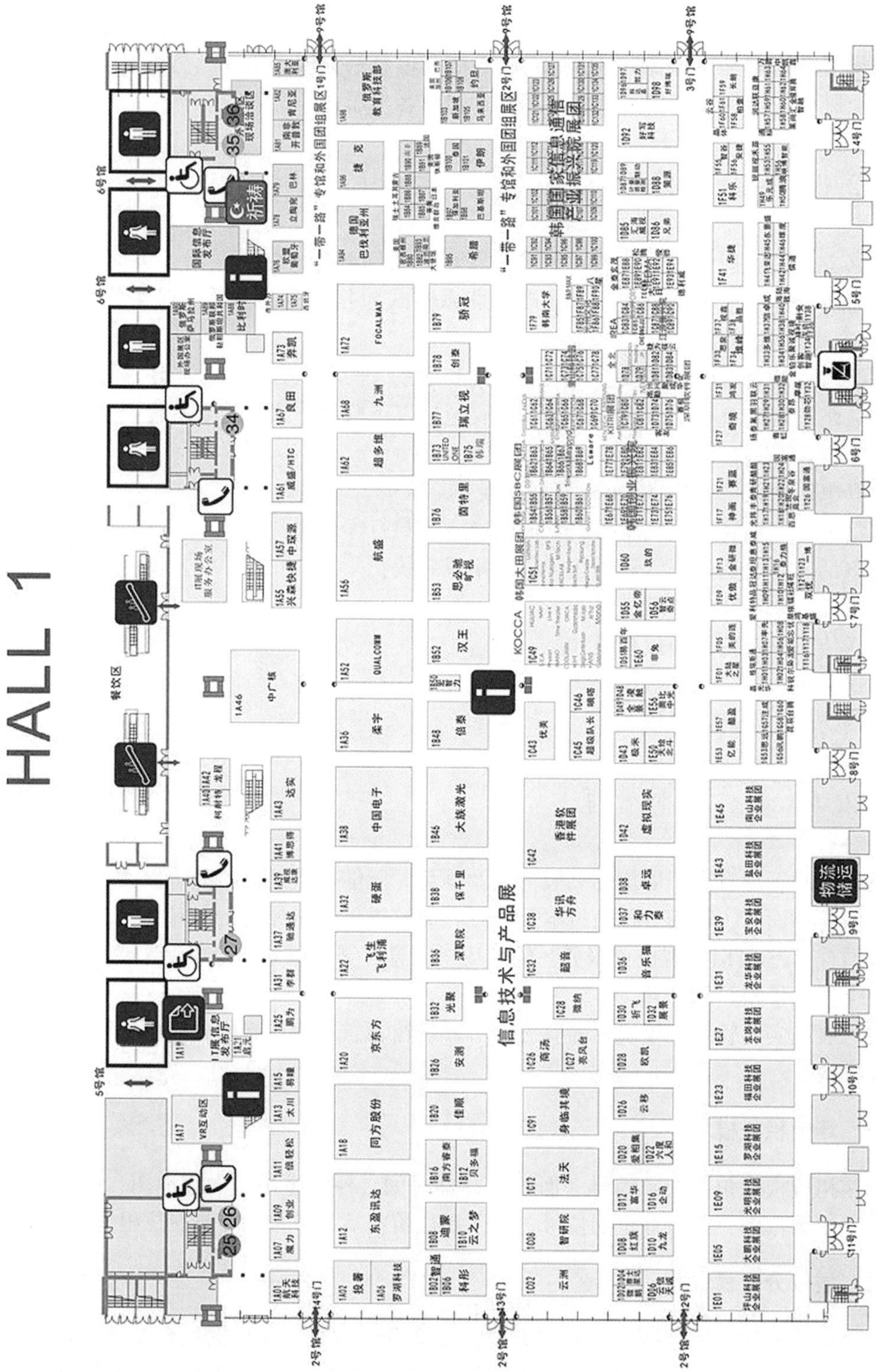
HALL 1
信息技术与产品展
“一带一路”专馆和外国团组展区1号门
“一带一路”专馆和外国团组展区2号门
韩国信息通信产业振兴院展团
物流储运
中国电子
京东方
同方股份
东盈讯达
FOCALMAX
QUALCOMM
大族激光
香港软件展团
虚拟现实

图3－4　展位图示例

三、展位查询与统计模块

根据售出状态、回款状态、代理状态，查到所有申请了"洽谈桌"的展台、所有交了全款的展台、反馈表中某项结果为"优"的展台、所有属于代理 A 的展台、所有信用等级高于"5"的展台、所有展品中有"数据相机"的展台等。

展位分配系统主要通过两个步骤即展图制作和展位报价来分配展位。

第一步：展图制作。会展项目管理系统中的"制作发布"可以通过展馆、展区、展位、展图等功能栏实现其制作发布的功能。正确的操作流程首先要新增加展馆，其次增加展区。展位增加时通过展图进行新增，展图中添加的展位信息会自动添加到展位标签的数据列表中，方便直观，便于管理操作。

第二步：展位报价。展位报价有不同的方式，可以分为以下几种报价模式：①展馆报价：多用于代理商或展团，指的是展会中展馆整体对外（代表商或展商）进行报价；②展馆展区报价：指的是展馆中某一展区的整体报价；③展馆展位报价：指的是将报价具体到展馆中某一展位的报价；④展区报价：指的是对展会的某一展区进行报价；⑤展区展位报价：如果展会中一个展区的展位标价相同，可以对展区中的所有展位进行统一报价，这种报价方式就是展区展位报价；⑥展位报价：指的是对具体展位进行单独报价，一般适用于特殊展位的单独报价。此外，还可以同时选择多个展位进行统一报价。

展位平面图上的展位须编排展位号。大型展览会展位平面图展位编号的方法，一般是根据展览场馆的设计，从展厅参观入口顺时针方向，由第一个标准展位到该展厅最后一个标准展位按阿拉伯数字顺序编排展位号。由于大多数展厅的标准展位数量可达上百个，因此展位号至少是按 3 位数编排的，如 001、002 直至 101、102；如果展览会展厅较多，则在 3 位数的展位号前加上汉语拼音或英文字母以示区别，如 A001、B001 等。对用于特装展位的大面积光地（一般指超过 72 平方米的光地），也可不以标准展位编号，而直接为该块光地编号。

选择合适的展位，是需要参展商和组展单位多次沟通的重要事宜，传统的方式是通过电话或邮件进行多次商讨来确定。在紧张的组展工作中，传统沟通方式时间成本高、工作效率低的缺点日益明显。因此，省时省力的在线展位分配系统应运而生——组展单位和参展商双方在线观察、选择、修改，既能实时更新展位的销售情况，避免展位的重复销售，又能让参展商对展位情况有一定的了解，能通过展位销售情况选择适合自身的展位，从而对展台进行相应的设计，加强展览效果。

3.2.5 财务管理

会展项目运营信息化管理中的财务管理，通常指参展费用管理，而参展费用、合同费用、展位费用、招展费用、服务费用等都属于财务管理的范畴。

展会经营收入的范围包括展位销售收入、广告销售收入、其他收入三部分。首先是展位销售收入，指参展商交付的展位费。其次是广告销售收入，指展会组织机构利用自有的媒介和资源，向参展商销售广告所得的收入。展会可以销售广告的自由媒介主要是展会会刊、会报、门票等印刷品。此外，展会现场的室内外广告、配套活动和纪念品赞助等资源，也可以为组织机构带来广告收入。最后是其他收入，指展会门票销售、会刊销售、向参展商推荐住宿酒店的佣金、管理费等方面的收入。其中，管理费收入一般指展位分销机构向展会组织机构交付的费用。

展会经营收入的预算方法包括预算展位销售收入、广告销售收入、其他收入的方法。

在展会经营收入中，展位销售收入是主要收入，一般占展会全部收入的九成以上。预算展会的经营收入，重点是预算展位的销售收入。

预算展位销售收入的基本方法是：在市场调查的基础上，预测展位销售规模和单位销售价格，并以此测算展位销售收入总额。如果是常年定期举办的展会，可以根据经验和历史经营数据，确定展位销售规模和单位销售价格。由于市场存在波动性，预测展位销售规模和单位销售价格时要留有余地，对可能出现的较差的情况也应进行预测估算。

广告销售收入的预算，一般根据历史经营数据来进行。但是新创办的展会，其广告销售收入可以不作预算。

其他收入的预算，也应根据历史经营数据来进行。对于新创办的展会，很少有门票、会刊的销售收入，而向参展商推荐住宿酒店的返佣和管理费等方面的收入，则要根据实际情况再作测算。

展会的成本支出包括经营性成本支出、管理性成本支出和不可预见费用三个部分。经营性成本支出指直接用于展会经营的费用，一般包括展馆场地租金及服务费、宣传推广费、信息服务费及展会现场服务费等。管理性成本支出指展会组织机构用于经营管理的费用，一般包括办公费、员工薪资、差旅费、公关接待费等。不可预见费用指展会经营的风险性费用，一般占展览会成本支出预算总额的10%。

3.2.6　展览服务管理

一个独立的或者小型的服务商客户管理公司，主要提供包括统一的服务管理、展览广告招商管理以及参展商手册管理等服务，以实现对会展服务的费用、合同、清单、备注等的有效管理，并通过服务商直接推荐给参展商，挖掘潜在参展商。

在展会中，给展会提供服务的单位，有主办单位也有其他具体的服务单位，提供如场地搭建、特装搭建、物流仓储、酒店接待、门禁服务（登记服务）、保安保洁、设备租赁、舞台活动、餐饮等方面的服务。

添加管理的服务项目可以在其后的展会招展业务中，以展会服务的形式提供给参展商进行服务订购。

作为展会的主办或承办单位，其在展会中消费的服务有直接消费服务和间接消费服务两种。直接消费服务，如使用某一家宣传媒体提供的报纸、会刊、广告。间接消费服务，即先消费，而后再将消费的服务提供给参展单位。作为展会的主办方或承办方从其他服务商那里采购租赁设备，再在展会前期或中期租赁给需要此项服务的参展商，参展商只要付费即可享受此项服务。

3.2.7　观众邀请管理

专业观众信息单的内容包括姓名、所在单位（公司）、所任职务、办公地址（含省区市）、联系方式（电话、传真、手机、电子邮箱等）、所属行业等内容。收集专业观众的信息资料有以下两种途径：

其一，借助各种公开或非公开的信息资源载体，收集所需要的专业观众资料。公开的信息资源载体主要有电话黄页、工商黄页、互联网名录、展会会刊名录等。非公开的信息资源载体又分为两类，一类是自用信息的资源拥有者，如邮政部门拥有的报刊发行名录、会议主办者拥有的与会者名录；另一类是专业从事信息服务的经营机构，如信息咨询公司。

其二，通过展会收集专业观众的资料，主要是观众的名片或观众填写的登记表。

以上两种途径可以结合使用。初次举办的展会，主要通过第一种途径收集专业观众的信息资料。而每年定点定期举办的展会，主要通过第二种途径收集专业观众的资料信息。

展会邀请专业观众的途径有：电话邀请；邮寄邀请函；通过媒体发布展会信息；通过互联网发送邀请函；通过手机发送邀请短信；通过参展商邀请他们的意向客户。

其中，电话、手机短信、互联网推送及邮寄信函是目前的主要途径。

3.3　会展项目运营信息管理的实践应用

下面从三个方面对信息技术在展会中的应用及影响进行分析。

1. 信息技术在展会前对会展企业的助推作用

信息技术推动了展会前展会信息的顺利发布与宣传，极大地拓宽了宣传的广度和深度，并且可以充分地做好展前的会展信息的统计与管理，使会展的票务管理实现多元化的售票手段，信息技术在展会前的应用改变了展票形式的落后方式，实现了整个售票系统的高效运作。这样不仅提高了效率，也为参展方以及观众提供了方便，并产生参展意愿。信息技术的运用在信息发布与会展的宣传上起到了重要且积极的作用，不仅生动形象地展示了展会各方面的详细信息，也让一些处于参展边缘状态的人参与到活动中来。

2. 信息技术在展会中对会展企业的助推作用

信息技术在展会中实现了现场管理方面的合理调配。安保方面，保安人员对讲机的佩戴与使用确保了实时通话的畅通与随时了解观察现场的安全，确保展会的顺利举办及观众的参展体验感。同时，参展产品通过3D技术的展示，能够使展品的表现形式更加丰富多彩，虚拟展品的场景设置和较高的观赏性，都使展会面貌焕然一新。信息技术在现场实况信息发布上的应用实现了展会实时转播，人们不用去现场就能了解现场的情况，同时还可以将现场的资料宣传与传播出去，便于保留记录，方便人们随时随地进行了解，这都得益于信息技术的发展与应用。

3. 信息技术在展会后对会展企业的助推作用

信息技术在展会后的重要作用也是不能忽视的，一般而言，信息技术对于展会后成果的统计起了巨大的作用，例如：运用信息技术对此次展会的交易额进行统计，对参展商的数据以及平均的参展时间等一些成果的大小进行统计与分析等，对于展会的开办与衡量展会的成果起着关键作用。这些信息可以用来预测未来展会的举办情况与长远效益。另外，信息技术在展会后的交易与售后方面也起着重要的作用，在自身产品被购买后，参展方留下联系方式，做好售后服务，以便让外地的观众放心购买，消费者有任何问题都可以得到可靠舒心的售后服务，信息技术的服务全面贯穿于整个展会的始终。

综上所述，在当今信息时代中，没有良好的信息技术支撑的会展业，是很难办好会展的，同时，会展业的发展对城市文化的发展有着直接影响，会展业的成功举办对提升城市文化水平有着积极的影响，对于提高城市市民的整体素质有着重要的意义，对国家形象的塑造以及城市的影响力都有积极的助推作用。而会展信息技术的应用对于会展业的成功举办以及城市经济的发展都有着极大的带动作用，会展企业也因此能更好地生存下去。

（资料来源：张莹.浅议会展产业中信息技术的应用［J］.科技致富向导，2015（15）：有删改）

3.3.1　招展业务流程应用

招展是指一个展会中的组展机构（主办方、承办方）招揽企业租赁展位、参加展览活动的行为。主要内容包括：寻找目标参展商与观众、划分展区和展位、确定招展价格、制作发放招展函、安排招展分工、选择招展代理、制订招展宣传推广计划、招展预算、做好招展总体进度安排等。

招展工作开始之前，会展企业首先会广泛收集目标参展商和专业观众的信息并加以整理，然后根据展会的主题以及市场调研的结果，对相关信息进行分析和筛选，最后建立起一个完整的参展商和专业观众的数据库。为了提高招展的效率，可以聘请招展代理负责招展业务。招展代理，即对某一地区、某个专业拥有一定客户的中介机构、行业协会、咨询机构等，是与办展机构紧密合作的专业单位，委托代理招展业务。招展业务实际上并不复杂，最关键的就是做好招展的宣传和推广工作。宣传方式多，信息推广到位，能够直接影响招展的效率和质量。参展商接触到充足的展会信息，就会根据自身情况考虑是否参展。决定参展的参展商需要将参展申请表等相关材料递交给组展机构。待资料审核通过后，参展商需要与组展机构确认相关事宜以及签订合同，包括确定展位、价钱、联系人、付款事项等。在收到参展款项之后，组展机构应及时向参展商发放展位确认书和其他报到材料。

3.3.2　招商业务流程应用

招商是指通过各种方式将那些对拟办展览会上所展示的产品有需要和感兴趣的采购商和其他专业观众引进展览会，邀请其前来参观。

相较于招展，展会招商有以下三个特点：①经济的间接性。会展企业每招到一个参展商就会给它带来直接的经济利益，而招到观众却不能带来看得见的经济收益。②工作的隐形性。招展投入的多少，可以通过展位的预订情况得知；而参展的观众却往往不会提前向会展企业预订，这就使招商工作具有一定的隐形性。③效果的滞后性。招商效果的好坏通过展会举办期间产生的经济效益才能体现。

招展业务的流程从对展会进行有针对性的市场调研开始，收集有关本项目的各种资料，包括文字、图片以及录像等活动资料。对收集的资料加以分析，制订招商方案。资料形成反馈后，制定招商预算表以及项目进度安排表，便于展会招商工作的进行以及内部分工。接下来要编印和发送邀请函，明确招商渠道和措施。根据不同的客户类型精准细分，以短信和网络邮件等方式，精准招揽展会的采购商和专业观众。

3.3.3 媒体宣传业务流程应用

会展的媒体宣传方式很多，其中使用最广泛、最具代表性的是会刊、广告、新闻以及记者招待会。

1. 会刊

会刊是唯一包括所有赞助商及参展商、展品介绍等有关展会的详尽内容的刊物。因为受众的专业性，会刊体现出了很高的专业水准。参展商要尽量利用会刊里的知识、内容来为自己服务。展会会刊针对性强，专业程度高，直接面向展会的目标参展商和目标观众，是展会首选的宣传推广媒介。其中，电子会刊（见图3-5）是会刊发展的一种趋势，电子会刊中有参展商展示相关展会信息以及配套服务信息，同时还可进行场馆展览信息查询。

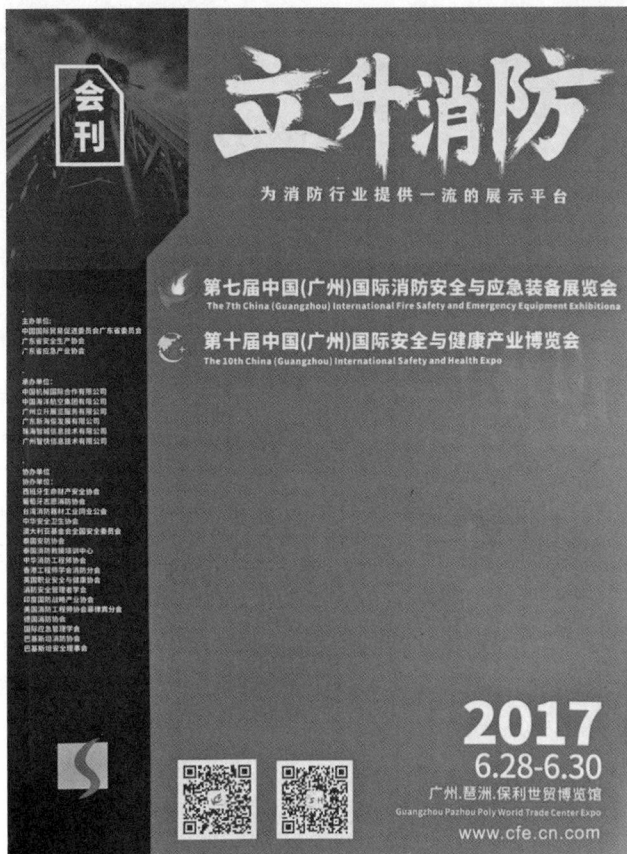

图3-5 广州消防展电子会刊封面

展会会刊编制的注意事项：内容力求丰富；目录结构层次清晰；编辑质量高；设计美观精良，切忌粗制滥造，避免影响会刊质量及观众阅读印象。

2. 广告

广告推广是最昂贵的展览宣传手段，但它可以覆盖所有目标观众，普及性强，既面向目标参展商与专业观众，也面向展会的普通观众。在操作中，对广告的安排要进行严格控制，投放广告要目标明确，根据需要、意图和实力安排（见图3-6）。

在整个广告宣传活动中，需要注意以下三个方面：广告的预算和广告的时间；广告的内容确定；广告的媒体选择。其中，广告内容要简洁、清楚、准确，不要过多宣传公司及产品，要侧重于告诉客户关于展会的信息，比如展位、准确的时间地点等。广告内容要有吸引力、全面性，突出专业买家最想观看的内容。同时广告要有规模，要重质量。

投放广告的方式有两种：间隔性投放和集中性投放。企业可根据自己产品的特点、广告受众、社会群体等因素来考虑，如果只投放一两次广告，则无法产生良好的宣传效果。

图3-6　首届中国（宁波）国际健康养老服务业博览会地铁广告

3. 新闻

在展会中，除了有专业的买家资源吸引企业参展，展会的新闻热点也是企业关注的重点。因此新闻报道是展会常用的一种宣传方式，也是展会与社会加强联系的有效途径。如果宣传得当，新闻发布会是一种成本低而效率高的展会宣传推广手段。一般来说，品牌展览会设立一个新闻中心。对于新闻方式的宣传，需要注意和了解以下几点：

（1）新闻工作准备。指定新闻负责人员；选择媒体并列出名单；与媒体进行直接联系沟通，建立并巩固良好的关系。

（2）新闻工作方式与程序。任命新闻负责人，准备新闻媒体和人员名单；策划、准备新闻工作，编印新闻材料，发新闻稿；举办记者招待会；准备新闻资料袋；收集媒体报道的情况，作为公司宣传的有利证据；向出席招待会、参加展览的记者发感谢信。

（3）新闻视频的内容特点。应具备以下三点：一是企业介绍；二是展位、展台的介绍；三是业内人士的评说。

（4）新闻资料。新闻资料是由参展企业自己准备的，一般由公关部人员、销售部人员和市场部人员共同组织完成。

4. 记者招待会

记者招待会（见图3-7）属于公关宣传，通过召开会议达到营销和推广展会的宣传效果，召开记者招待会之前应注意以下事项：

（1）内部商定时间、地点、流程、内容、人员、司仪讲稿等；

（2）注意时间安排；

（3）书面邀请记者；

（4）准备新闻资料、讲话稿、产品照片等；

（5）提前考虑记者可能会提出的问题以及问题答复；

（6）布置现场：主持台、座席、主题背景板、灯光音响设备、桌花、胸牌、签到纸笔、饮料、纪念品等。

图3-7 第四届澳门国际旅游（产业）博览会记者招待会现场

3.3.4 参展企业报到业务流程应用

接待参展企业报到，首先需要参展企业提交相关材料，例如展会确认书、付款凭证等。主办方应询问参展企业有无额外增加服务的需求，如有需要则要办理相关手续。参展商在完成注册后即可领取布展证、参展证、临时施工证、临时车辆通行证等相关证件及全套的展会资料。如果是有特装展位需要的参展商，还需要提交"特装设计施工方案图纸审核意见表"等相关材料才能办理注册手续，完成注册之前要填写申请表以及支付特装相关费用。

3.3.5 会议室预订业务流程应用

在个别的展会中，由于流程需要，参展商可能要利用会议室进行会议活动，例如交流会、洽谈会以及发布会等。在这种情况下，参展商就会向组展机构咨询会议室租赁服务。组展机构需要向参展商提供会议室的相关资料，或介绍相关会议室。参展商一般会根据会议室的大小、位置、使用时间、基本设施以及租赁价格等，有目的地预订符合会议活动需求的会议室。选定会议室之后，参展商需要填写"会议室预订申请表"，并提交给组展机构。组展机构确认无误后就可以共同签订租赁合同。签订合同后，参展商在规定时间内支付相关的租赁费用即算预订成功，超时支付则会被视为自动取消预订。

3.3.6 观众在线预约登记业务流程应用

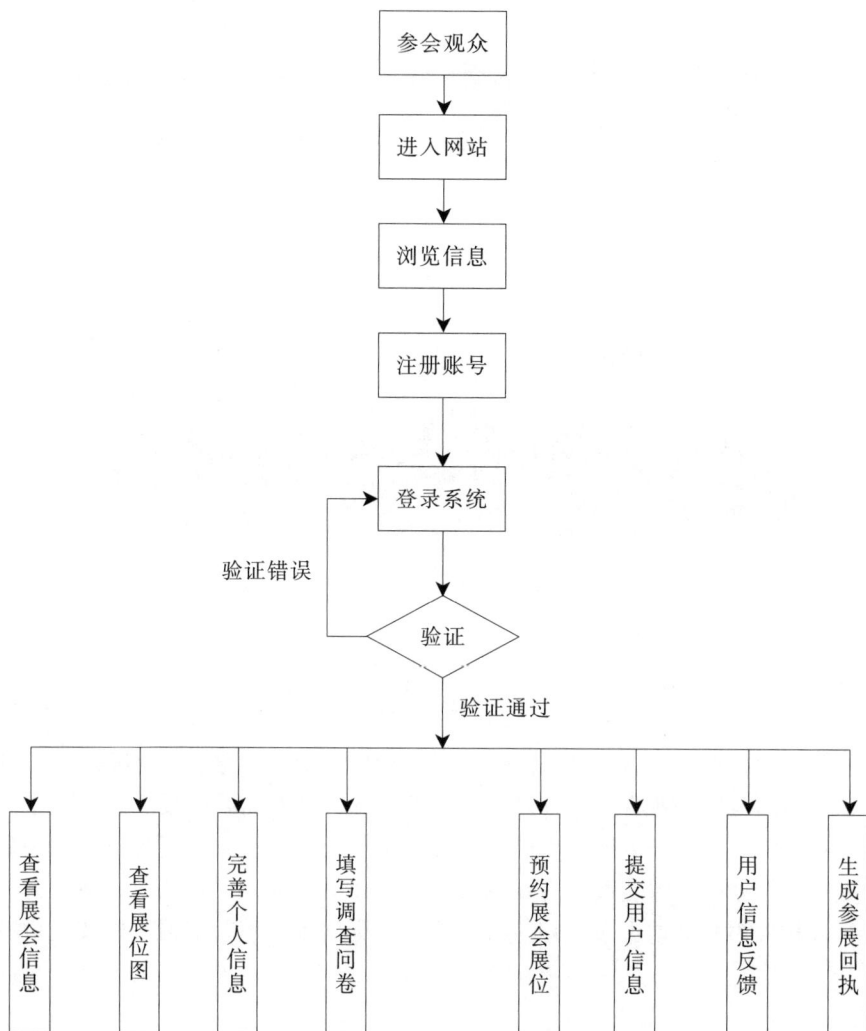

图 3-8 观众在线预约登记业务流程图

观众在线预约登记的具体流程是：访问展会官方网站或相关网站，点击登记链接，进入预约登记系统登录页面。对于首次开办的展会，观众需要注册系统账户才能登录系统；对于定期开办的展会，已经有账户的观众可以直接登录，只有新观众才需要注册。进入系统后，观众首先会看到展会的相关信息，接下来需要完善个人信息，将姓名、职业等信息补充完整。根据参展商对系统的功能设定，观众还需要填写调查问卷才能完成预约登记步骤。另外，观众还可以在预约登记系统中预约自己感兴趣的展会、参展展位以及活动。登记完成提交信息后，系统会自动生成登记回执，例如对应的证件或票券编号，观众可以凭借生成的唯一标识号直接入场参观或者打印参观证入场。

在展会开始之前为观众提供在线预约登记服务有两个方面的优点。一方面，观众在展前了解到丰富的展会和展商信息，以便有效地规划参观日程。另一方面，由观众本人直接录入相关信息，保证了信息的全面性和准确性，减少了现场工作人员的登记工作量，在为观众、工作人员提供方便的同时能有效避免现场登记所带来的秩序混乱现象。

3.3.7　现场展商服务业务流程应用

现场展商服务是展会信息服务的主要内容之一，即为参展商提供展会中的各种信息。组展机构需要从参展商的角度出发，在展会期间尽可能为参展商提供所需要的客户及其他信息。

现场展会信息的一个重要来源是观众进场时产生的观众信息或统计信息。在展会开始之前，组展机构要设置好计算机、信息录入设备等终端设备，并测试相关设备能否正常运行。如果现场没有投入相关设备，则需要工作人员把观众的标识号记录下来。在当日展会结束后，组展机构对展会中的信息进行统计处理，将收集到的有效信息提供给参展商。

【课后思考题】

1. 会展项目运营信息化管理在展后阶段起了什么作用？
2. 简述应用信息化管理的会展项目运营与传统运营方式的区别。

4 会展现场服务信息管理

4.1 会展现场信息管理的内容

会展市场的主体是主办商、参展商、观众、服务供应商、会展场馆。因此在展览行业中，会展市场的五个主体就构成了价值链。主办商、服务供应商和会展场馆经营者是价值链的创造者，参展商和观众是价值链的实现者。价值链的本质就是展览利润的来源，展览现场丰富的信息量是创造利润的基础。所有的展会服务都作用于价值链的顶端，即观众和参展商。因此，在展览行业中，主办商、服务供应商和会展场馆经营者如何收集和管理现场信息，并有效发挥现场信息的价值，是价值链中的关键问题。

4.2 会展现场信息管理的意义

会展信息化管理满足了会展企业和会展项目运营需要而进行的会展相关信息的集成、会展活动过程中的电子信息化、网络化管理等工作的需求。有效科学的会展现场信息化管理，能够挖掘丰富的展会信息并将其信息资源作用发挥到最大，创造巨大的展览收益，更能提升展会信息化水平，给参展观众带来极佳的展会体验，以及提升展会的正面形象。

1. 会展现场信息化对主办商、服务供应商和会展场馆经营者的重要性

通过展会现场信息化服务，可以提高现场信息录入的速度和准确率，提高展会现场服务的水平和效率，提高参展商和观众的满意度。

通过收集和管理参展商、观众信息，可以建立专业的行业信息库，发挥展会信息的价值，提供相应的信息服务，打造品牌展会项目。

对现场的有效信息进行数据统计分析，得到有价值的行业信息报告，为展会决策提供数据支撑，有利于开发个性化定制的服务。完备的信息库有利于下届展会的顺利开办和进行快捷精确的观众邀约。

2. 会展现场信息化对参展商和观众的重要性

通过为观众提供展会参展商的参展资料，观众可以使用信息化手段，从公司名称、产品类别和名称等多种途径查询到合适的产品和购买路径。

通过为参展商提供全面准确的观众信息，能够实现观众和参展商之间积极良好的互动，提升展会价值。

4.3 会展现场信息管理的对象

会展现场信息管理的对象是参展商和观众，他们都是展会的重要客户。如何做好这两方面的信息管理，是一个展会成功与否的重点问题。

1. 参展商信息的管理

对于一个展会来说，参展商是其重要的组成部分。参展商的质量和数量直接决定了展会可能实现的利润，对展会的成功举办起着关键作用。一般来说，参展商信息可以分为基本信息、行业信息、展会信息三大类。基本信息包括公司全称（中英文）、地址、官方网址、所属行业、规模级别、单位负责人（姓名、级别、职务、联系方式）、联系人、主管部门概况等方面的信息。行业信息包括参展企业所属行业的市场背景、发展前景、技术资源、产品种类、产业政策、行业组织、行业联动、刊物网站、政府主管部门、专家权威等方面的信息。展会信息包括展会概况（名称、展期、地点、展品、展位价格）、政府背景、行业支持、主办单位、执行团队、参展历史等方面的信息。

2. 观众信息的管理

观众信息的作用很广泛，可以提高现有参展商的满意度，挖掘潜在参展商；可以建立行业信息库，提供行业信息服务；也可以用于甄别展会的专业观众，开发深入的商务配套服务。展会专业观众主要来自政府机关、行业协会组织、媒体机构，以及展会采购商、行业大客户等。专业观众的数量和质量是判断一个展会成功与否的重要指标，因此观众信息的管理是展会的关键环节。观众信息一般可以分为基本信息、行为信息和需求信息三大类。

基本信息以专业观众的名片信息为主，包括观众姓名（中英文）、所在公司名称（中英文）、部门职位、联系方式（手机、座机、传真、邮箱）等。行为信息来源于对现场观众的行为进行观察和数据采集。以场馆、展位、逗留时长等为基础，包括观众感兴趣的展会区域和展位展台、观众在展位停留的时间、观众集中参观的时间段、观众的类型和行为特征等。通过这些数据，能得到有价值的数据结果，如展会第一天上午参观的观众有哪些、参加了某个展会会议的观众有哪些、哪些观众在不同时间段参观了同一展位多少次、哪个分场馆的观众人流量较大、在展期中展会的高峰期是什么时间段等。需求信息来源于观众展前填写的调查问卷反馈，问卷反馈能清楚地反映观众的个人需求，包括参展目的、产品取向、采购计划、发展意向、其他服务要求（如餐饮、住宿及交通）等信息。

知识链接

广州国际照明展：用国际化视野谋划产业化目标

统计显示，广东会展业收入占全国会展总收入的1/3，成为拉动广东省经济发展的新产业引擎，并形成了以广州—东莞—深圳为中轴的珠三角展览带。在该展览带上，由广州光亚法兰克福展览有限公司（以下简称"光亚公司"）主办的已有16年历史的"广州国际照明展览会",是全球最大规模的照明展览。

光亚公司是一个合资企业,因而"广州国际照明展览会"是合作举办的,合作的一方即德国法兰克福展览公司,其举办的照明展览会属照明业中最顶尖的展览会。

这个合作起到了极其重要的作用。广州国际照明展览会的会展规模从合资前的 3 万平方米,发展至 2011 年的 20 万平方米,参展商数量从合资前的 700 多家增长到了 2011 年的 3 000 家,产值过亿元的参展企业从不到 20 家增加到了 2011 年的上千家,海外观众数量从合资前的 1 000 多人增长到了 2011 年的 2 万多人。而且,照明行业展会属于广州市着重引进的电子信息产业展会的一部分,对于推动节能减排战略的实施具有重要意义,这也是广州国际照明展览会快速发展的重要原因。

科学、专业、规范的信息化管理和服务是广州国际照明展览会长久生命力的保障,也逐步造就了光亚展的品牌。

近年来,广州国际照明展览会通过引进展会客户数据库软件,对展商资料、企业信息、专业观众信息等进行了快速有效的分类整理,既可随时调用,还可以对展商和观众信息进行数据统计分析,从而为长期客户、短期客户和潜在客户提供个性化服务。

在"2010 广州国际照明展览会"上,结合新推出的 VI 视觉系统,对主展区内公共区域进行统一包装、设计、施工,全面打造光亚展新形象。展览会的导示系统采用中、英两种语言,服务台、售票亭、咨询台、制证处、展商名录、各馆指示牌都给人耳目一新的感觉,彰显了展览会的特色,树立了新的形象。

据广州光亚公司董事长潘文波介绍,2011 年将推出"阿拉丁照明网""光亚国际站""新世纪 LED 网",立足于"展览 + 网络"的模式,形成集线上、线下为一体的立体式服务与交流平台,这是国际会展电子商务模式的创新,将稳步推动照明和 LED 行业的健康有序发展。

(资料来源:广州国际照明展:用国际化视野谋划产业化目标 [EB/OL]. (2011 - 04 - 18). http://www.chinanews.com/it/2011/04 - 18/2980908.shtml. 有删改)

4.4 会展现场信息管理系统

4.4.1 会展现场信息管理系统介绍

会展现场信息管理系统是一种辅助会展组织机构的管理系统。其功能是为会展组展机构提供现代化的会展活动服务,帮助组展机构科学地处理参展商申请、现场报到、现场观众登记和展会信息发布等管理工作。

通过对会展现场信息管理系统的应用,提升会展宣传的深度和广度,提高内部办公管理的效率,降低管理成本,加强与参展商及观众的信息互动交流,为参展商和观众提供方便、快捷的信息服务,提高展会整体的管理效率和提升市场竞争力,并能扩大展会的盈利范围,挖掘后续盈利目标。

4.4.2 会展现场信息管理系统结构

会展现场信息管理系统结构主要分为三大模块：主办方后台管理、观众注册登记、企业投入记录。

1. 主办方后台管理

管理观众登记信息，导出、导入和删除数据的回收管理；对注册观众分类标签，记录并分析各种观众行为数据；整理筛选分类潜在客户及专业观众，提升展前、展中、展后的服务体验，提升观众整体的观展体验。

管理参展企业的登记信息，审核展品、工作人员等参展信息；为观众精确推送更符合需求的展商，从而降低展商销售成本，提高工作效率，创造客户价值。

2. 观众注册登记

观众登记参会信息便捷，并可提前获取有关展会举办的各种信息。

3. 企业投入记录

参展商登记参展信息，添加、编辑、修改各种与会资料，包括企业信息、企业宣传资料、参展工作人员、邀约客户等。

4.4.3 多媒体技术在会展现场的应用

多媒体技术是指以多媒体和数字化技术作为展示技术，将文字、声音、图形、动画、视频等信息媒体进行综合处理和管理，通过输出设备展示主题内容。

随着信息技术的发展，展会展示形式呈现多样化。使用最新的多媒体技术，以各类新颖的展现方式吸引参观者，调节会展现场参展商与观众互动的气氛，有助于推广参展商及产品品牌。

目前，在会展业中常用的多媒体技术主要包括三维动画形式、人机触摸屏应用、虚拟现实系统和投影技术等，具体介绍如下：

三维动画形式。三维动画又称3D动画，是随计算机软硬件技术的发展而产生的新兴技术，利用电脑软件或是视频等工具将三维物体运动的原理、过程等清晰简洁地展现在人们眼前。通过三维动画形式对参展企业产品进行解说、展示，促进观众对产品的全方位了解。

人机触摸屏应用。触摸屏的工作原理是在计算机设备的显示屏上增加一层专用的透明触摸屏，人们可根据需要用手触碰点击触摸屏，触摸屏通过线路把信号回传给计算机设备，根据系统处理执行相关功能。触摸屏的应用提升了观众的查询体验效果，提高了观看产品的速度。观众所获得的直观印象和任意查询的便利感觉，促成展会观众对产品的购买意愿。目前触摸屏的类型大致分为电阻式触摸屏、电容式触摸屏、红外线式触摸屏、表面声波触摸屏等。

虚拟现实系统。虚拟现实系统是目前多媒体技术最主流、整合各类多媒体最全的技术系统，主要建立在三维实时显示、三维定位跟踪，以及视觉、听觉和触觉传感技术等关键技术的发展之上。观众不仅能够感受到身临其境的逼真性，而且能够突破时间、空间及其他客观条件限制，体验在真实世界中无法亲身经历的感觉。

投影技术。投影技术不但可以应用于办公用途的工作会议以及技术讲座、网络中心、指挥监控中心，还可以与计算机、服务器等进行连接，或接驳电视机以及实物展台等，可以说它是一种应用十分广泛的大屏幕影像设备。目前主流投影技术主要包括以下四种：

LCD（Liquid Crystal Display，液晶显示器）。3LCD方式是将灯泡发出的光分解成R（红）、G（绿）、B（蓝）三种颜色（光的三原色）的光，并使其分别透过各自的液晶板赋予形状和动作。由于经常投射这三种原色，因此可以有效地使用光，显现出明亮清晰的图像。采用3LCD方式的投影机有着图像明亮自然、柔和等特点。由于使用三个LCD显示颜色，因此能再现不伤眼睛的图像。

DLP（Digital Light Processing，数字光处理技术）。这种技术要先把影像信号经过数字处理，然后再把光投影出来。它是基于TI（美国德州仪器）公司开发的数字微镜元件——DMD（Digital Micromirror Device）来完成可视数字信息显示的技术。具体来说，就是DLP投影技术应用数字微镜晶片（DMD）为关键处理元件以实现数字光学处理过程。

LCOS（Liquid Crystal on Silicon，硅基液晶）。这是一种基于反射模式，尺寸非常小的矩阵液晶显示装置。这种矩阵采用CMOS技术在硅芯片上加工制作而成。像素的尺寸大小从7微米到20微米。LCOS将控制电路放置于显示装置的后面，可以提高透光率，从而达到更大的光输出和更高的分辨率。

D-ILA投影技术（Direct-Drive Image Light Amplifier，直接驱动图像光源放大器）。此技术的核心部件是反射式活性矩阵硅上液晶板，也就是通常所说的反射式液晶板，所以也有人将D-ILA技术称为反射式液晶技术。D-ILA技术在提供高分辨率和高对比度方面显示了技术优势，由于其液晶板的液晶层采用电压控制可调双折射方式，在全开状态的光线全反射，几乎没有损失；而全关状态式反射输出光线几乎为零，因此D-ILA可以实现非常高的对比度。

4.5 会展现场服务信息的管理与应用

4.5.1 会展现场服务信息管理的具体工作

会展现场服务信息管理的服务内容冗杂，包括预登记系统、参展商管理系统、导览程序的开发、票证设计与制作、现场票证办理与领取、出入口门禁管理、展会信息采集与处理、展后数据处理、展会统计分析报告等。这些内容从展会的阶段来分，可以分成展前、展中、展后三个阶段的信息管理服务工作。

1. 展前阶段的信息管理服务

（1）预登记系统。预登记系统能够直观展示展会的基本信息，使观众对展会有一定的了解。通过预登记系统，观众可以自主完成登记程序，在展会现场可以直接进场，也可以直接打印参观票证再进场。观众在预登记过程中完成的调研问卷，可以在后台实现统计分析的功能，形成有效的信息反馈。

（2）参展商管理系统。即通过参展商登记系统进行参展人员信息录入，有针对性地对客户进行邀约，从而实现展商信息数据系统化管理，实现高效的展商模块管理及数据跟踪。参展商基本信息和介绍、参展人员的信息都可以包含在系统中。另外，系统还可以根据展会类型，通过邮件、短信等形式，为参展商提前邀约各行业的重要观众。

（3）导览程序的开发。随着展会和展馆信息化的发展，导览程序的开发越来越普遍。组展机构的开发部门应结合展会的内容和观众的需求，在导览程序中实现查询参展商、展品、展馆、参观路线等服务，提高展会的服务水平。

（4）票证设计与制作。票证设计与制作日益多样化，有非接触式智能卡、接触式智能卡、PVC 条码卡、纸质条码卡等各种票证样式。组展机构需要考虑展会的性质和特点，选择符合展会需求的票证类型。

（5）相关信息服务。展会信息咨询、参展商信息收集和处理、登记点现场布置等服务都是展前阶段信息服务的组成部分。

2. 展中阶段的信息管理服务

（1）现场票证办理与领取。自助机办证和人工办证是现场领取证件的两种主要方式。现场办证点可以发放展前印刷好的票证，也可以当场打印个性化参展证，例如打印观众的基本信息或者照片等。后台系统在办证过程中能够采集更多的观众信息，是展中阶段重要的信息管理环节。

（2）出入口门禁服务。出入口门禁服务既有利于提高展会的服务水平和形象，又能高效获取展会观众的信息数据，因此出入口门禁采集的信息也是展会信息的重要组成部分。出入口管理的实现方式主要有 PDT 验证、智能闸机和人像比对等。PDT 验证支持 2G、3G、4G 网络及蓝牙技术，无线传输数据，操作灵活方便；智能闸机集身份证、条码扫描、RFID、人像识别等多种验证方式于一体，可通过红外检测计算人流量，无须人工操作，高效便捷；人像比对是指门禁点摄像头自动拍摄记录第一次扫描进场的观众，当观众再次通过门禁点时，对比首次拍摄记录的观众人像，确认一致方可入场，可有效防止通行证被盗用等情况。

（3）展会信息采集与处理。展会信息包括多方面内容，主要是观众信息和现场信息。观众信息的采集贯穿于展会的全部环节，而观众信息的可用性取决于信息的质量。现场信息其实是以观众为基础的需求信息和行为信息，例如展会观众出入次数、出入口总到达人数及历史记录等。

（4）相关信息服务。现场观众接待和管理服务、现场实时监控服务、电子会刊服务都属于展中阶段的信息管理服务。

3. 展后阶段的信息管理服务

（1）展后数据处理。对在展会现场收集的关于观众的基本信息以及行为等数据进行深入的规范化处理，就是展后数据处理的具体工作内容。规范化处理，包括对展后数据进行归类合并、检测误差、查漏补缺、删除冗余等。

（2）展会统计分析报告。报告是基于观众基本信息、需求信息、行为信息数据的分析类和调查类内容。例如提供展会各区域的观众到达人数、人数变化等曲线分析类报告；提供观众填写信息的数据调查类报告。为组展机构和参展商提供展后数据处理后的多种分析报告，以助于组展机构分析展会效果，改进未来展会。

（3）展后观众回访。即通过电话、邮件、传真、邮寄等方式对专业观众的回访服务，能查验和管理专业观众联系方式的有效性，进一步提高信息质量。回访内容包括展会满意度调查、下届参展意愿等。

（4）展后信息管理。即以保密协议为前提，建立和管理完整的参展商和观众的信息资料库。

知识链接

卡瑞思博：会展信息化的前进者

深圳市卡瑞思博科技发展有限公司是创新型企业，以"成为会展服务业的领航者"为目标，从 2008 年开始致力于会展信息化、观众登记服务、观众数据服务、展会门禁、专业观众邀约、会展人力资源外包管理服务，业务覆盖各大行业会展以及各社会机构组织，拥有丰富的会务管理经验。

卡瑞思博拥有多项专利技术，获高新科技项目认证，是中国科技开发院投资企业。技术团队掌握了 RFID 电子标签、红外监控、精准数据校验等多项技术，且应用于分析展会观众参展行为，为展会主办方提供专业宝贵的观众数据，同时深入研究人像识别技术、名片扫描识别技术，将其成功运用到会展观众数据服务中。

多年来，卡瑞思博服务的大小展会近百场，其中包括中国国际高新技术成果交易会、中国（深圳）华人华侨产业交易会、深圳动漫节、宁波特色产业文化博览会、广州国际消防安全与应急装备展览会、深圳国际家纺布艺暨家具装饰展览会、海峡两岸（泉州）农产品采购订货会、ICEE 国际消费类电子展览会等。

4.5.2　会展现场服务信息管理系统的应用

会展现场服务信息管理系统利用信息化的管理手段，在展会的各个阶段提供有效的数据管理服务，主要包括展前观众预登记注册管理、现场观众登记、门禁管理及观众数据统计、现场咨询及投诉建议。

1. 展前观众预登记注册管理

单独设计展会观众预登记注册网页，观众可在展会前自主完成个人信息登记。已完成预登记注册观众的信息将会上传记录在系统数据库里，便于主办方管理查看。同时，这类观众在展会现场可直接凭系统回复信息换取入场证件或直接入场，既可以让观众节省现场排队的等候时间，又可以减轻主办方现场组织管理的压力，提高展会入场效率。而且，观众登记数据有利于展会项目后期进行分析和总结。

2. 现场观众登记

针对没有预先登记而在现场登记注册的观众，通过微信小程序或公众号登记页面，可快速完成观众的信息登记以及入场证件打印制作。此外，观众亦可通过系统查询到个人登记的信息、展会项目基本信息等。

3. 门禁管理及观众数据统计

展会工作人员、参展商及观众通过扫描证件上的条形码进入展会场馆，门禁系统可收集统计各个时段的人流量。既保证了展会入场人员和展览现场的安全，也收集到了观众客流人员的信息数据，大大提升了展会形象，保证了展览效果。

4. 现场咨询及投诉建议

针对展会现场的特殊情况及问题咨询，参展商及观众可使用现场服务信息管理系统中的智能客服或电话热线进行咨询，针对展会现场服务的不足之处可提出投诉维权或建议意见。

【课后思考题】

收集到的会展现场服务信息应如何应用？请举例说明。

5 会展场馆信息及智能化管理

5.1 国内外会展场馆发展现状

会展场馆是会展行业发展的基础，是会展活动的重要场所，也是体现城市竞争力及综合服务水平的重要标志之一。从事展览、会议等活动的相关条件，如建筑，包括外围设备、设施和服务，通常被称为会展场馆，它主要由硬件和软件两部分组成。场馆包含场地和管所，场地一般指室外区域，管所一般指室内区域。近年来，随着会展业对硬件设施重视程度的加深，国内外各大城市纷纷投资建设会展场馆或改造扩建场馆。

5.1.1 国外会展场馆发展情况

国外会展业发展起步早，因此对于会展场馆硬件设施重视程度较高。国外各大城市不断新建或改造一大批大型现代化展馆，如汉诺威、慕尼黑、巴黎、米兰、伦敦和新加坡等。其中，作为世界会展第一号强国的德国，拥有 70 多座场馆、23 个大型展览中心，其中超过 10 万平方米的展览中心就有 8 个。

目前，德国展览总面积达 240 万平方米，世界上最大的四个展览中心就有三个在德国。其中，汉诺威展览中心，总占地面积达 100 万平方米，室内展览面积为 49.8 万平方米。此外，场馆还提供 5.8 万平方米的户外展览面积，以及 27 个馆和一个拥有 35 个功能厅的会议中心，可容纳大约 26 000 家参展商和 230 万名观众。

欧洲另一个会展城市巴黎拥有许多历史悠久的展览场馆。其中，巴黎凡尔赛门国际展览中心位于巴黎市南区，始建于 1923 年，至今已有近百年的历史，是巴黎城内唯一的一个多功能大型展览中心，从 1997 年起使用现名。它位于巴黎南部 15 区"凡尔赛门"，展览中心总占地面积 35 万平方米，其中展览面积占 22.2 万平方米。共有 8 个展厅，20 个会议室，吸引了来自全世界超过 600 万名访问客商。每年在这里举办的各种展会、展览超过 200 个。

欧洲南部的会展强国意大利，作为时尚与设计风向标，拥有世界上最大的展览中心之一——米兰国际展览中心，展览场地设备先进，米兰展览中心包括：米兰展览馆、米兰RHO 展览馆、米兰城市展览馆和米兰展览中心。总占地面积近 430 万平方米，展览面积近 140 万平方米，米兰国际展览中心是世界展览业巨头，在国际上有着举足轻重的地位。著名的米兰国际家具展、米兰三年展、米兰时装周、米兰设计周、米兰建筑设计展等一系列世界级会展均在此举行。

作为世界会展业的后起之秀，美国每年举办的展览会近万个，净展出面积约为 460 平方米的展览会约有 4 300 个，总计净展出面积约 4 600 万平方米，参展商 120 万人，观众近 7 500 万人。

美国展览会始于 18 世纪，起源于专业协会的年度会议。当时展览只是作为年度会议的一项辅助活动，而且只是一种信息发布和形象性展示，展览会的贸易成交和市场营销功能曾在很长一段时间里并不为企业所重视。随着全球一体化进程和会展业自身市场优势的体现，美国展会渐渐摆脱了会议附属的地位，真正开始面向市场和消费者。

其中，美国会展之都拉斯维加斯拥有全美十大展馆中的三个，分别是拉斯维加斯国际展览中心、沙地会展中心、曼德勒海湾会议中心。早在 50 多年前，拉斯维加斯就开始发展会展业，这三个展馆展览面积分别为 18 万平方米、20.2 万平方米、13.5 万平方米。拉斯维加斯会展场地面积总计约 90 万平方米，位列全美第三位，但经济效益排名第一。

拉斯维加斯已连续 22 年被列为全球第一大贸易会展目的地，200 强会展中有 44 个在拉斯维加斯举行，堪称"全球闻名的会展之都"。拉斯维加斯每年举办各类会展 2.2 万多次，大型会展 600 个，吸引访客 600 万人次（官方数据显示其常住人口只有 60 万），经济收入超过 80 亿美元，提供直接就业岗位逾 4.6 万个，提供间接就业岗位 2.9 万个。2016年，到拉斯维加斯参加会展的人数达 630 万人次，比 2001 年的 450 万人次增长了 14%，会展及其相关收入逾 82 亿美元，比 2001 年的 60 亿美元增长了 13.7%。据拉斯维加斯会展及观光局统计，参加在拉斯维加斯举办的展览会，每个客商平均直接消费 933 美元，间接消费 1 543 美元。拉斯维加斯电子消费品展、春秋季服装博览会、国际美容美发展等一大批展会已成为拉斯维加斯金光闪闪的城市名片。

拉斯维加斯的会展场地重在提高效益及展馆运营管理水平。为了提升消费者的观展体验，在激烈的会展竞争中立于不败之地，拉斯维加斯会展与观光局投资 8.9 亿美元，分阶段改善拉斯维加斯会议中心设施，包括技术升级、建造多功能会议厅和改善交通设施。

芝加哥也是一个主要的全球会展的举办地。其中，芝加哥麦考密克会展中心是北美最重要的大型会展中心，由三个具有最新水平的展馆构成，分别是南馆、北馆和湖畔中心（以前被称为东馆），是全美最大的会展中心，每年吸引 400 多万名商家和参观者前来洽商参观。

作为世界会展新起之秀的亚洲，凭借其广阔的市场和巨大的经济发展潜力，较完善的基础设施以及较高的服务业发展水平、国际开放度和较为有利的地理区位优势，会展业发展突飞猛进。其中，被评为世界第五大"会展之都"和"全球最佳会议城市"的新加坡拥有三大会展中心：新加坡博览中心、新达新加坡国际展览与会议中心（新达城）和莱佛士城会议中心。其中，新加坡博览中心是亚洲最大的展览馆，占地面积 25 万平方米。该中心建有 6 万平方米的展览馆、2.5 万平方米的室外展览场、10 个大小不同的会议厅和 9个会客厅，配备有先进的翻译、通信和传播设备。除了拥有可停放 2 200 辆汽车的停车场和两个出租汽车站外，博览中心还建有新加坡的第二大餐厅，可同时供 1 万人用餐，为参展商提供不同档次的商务餐饮。

经过长时间的发展，国外会展场馆进行了大量有意义的探索：一是展会内容的专题化；二是场馆功能的主导化。除了会议或展览需要有明确的定位外，场馆也应该有比较清晰的主导功能定位。在会展发达国家，一些国际性的品牌展会总是固定在某个或几个场馆举行，这样既便于会展公司和场馆拥有者之间开展长期合作，又有利于培育会展品牌。

5.1.2　国内会展场馆发展情况

与发达国家相比，我国的展览规模仍较小。虽然近年来各地大力建设会展场馆，展馆面积急剧增加，但是许多地方的展览场馆建设缺乏展览市场调研和准确的规划定位。我国2013—2017 年展览数量与面积增长趋势图如图 5 - 1 所示。

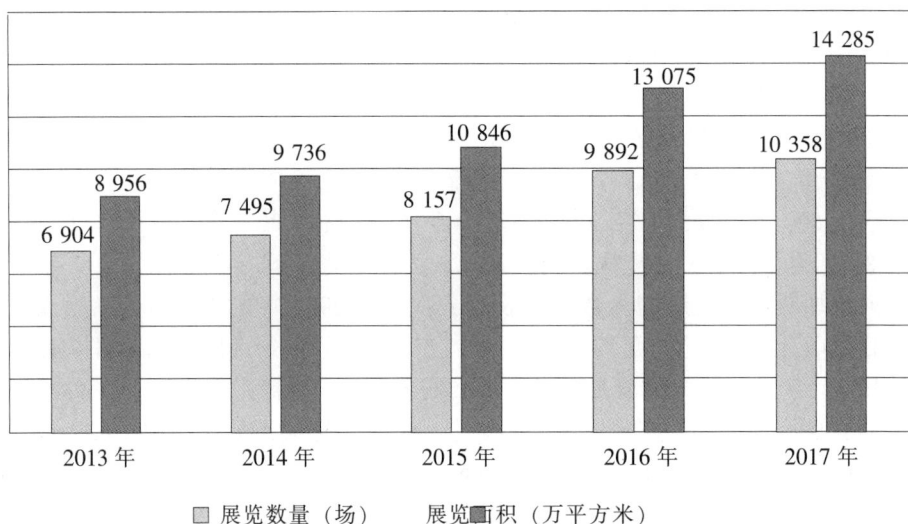

图 5 - 1　2013—2017 年全国展览数量与面积增长趋势图
（资料来源：前瞻产业研究院整理）

从地域划分的角度出发，总体来看，华东、华南地区地处沿海地带，具有地域经济优势和良好的城市形象、完善的基础设施及配套服务，因此会展业发展水平较高。展览面积约占全国的 80% 。

华中、华北及东北地区具有较强的工业基础，同时也是中华人民共和国成立以来重点建设发展的地区，因此会展场馆的建设主要集中在北京、天津、武汉、大连、沈阳以及哈尔滨等大型城市，也展示了我国社会主义经济建设所取得的部分成果。

国内西北、西南地区自然条件较差，产业结构较为单一，会展硬件设施条件相对较差，因此会展业服务仍处于起步发展的阶段。近年来，随着国家产业结构升级和"一带一路"倡议的实施，这些地区的会展业奋起直追，已经陆续建成具有国际一流水平的大型会展场馆，如西安曲江国际会展中心、成都世纪城新国际会展中心等，成为会展业的新热点。

综合分析，中国重要的大型展会多集中在北京、上海、广东及香港地区。下面分别对四个地区的代表展馆作简要介绍。

北京拥有多个会展场馆，其中中国国际展览中心是设施一流的现代化展览场馆。项目总规划分三期建设。一、二期总建筑面积约为 66 万平方米；三期总建筑面积约 87 万平方米。整个展馆建成后，可用室内展览面积达 20 万平方米，包括 16 个可分合的单体、单层、无柱、大空间展厅；综合配套设施建筑面积 103 万平方米，包括综合商业楼（配有购物、餐饮、健身、娱乐等设施）、酒店、商务写字楼（含会议中心、商务中心、技术交流中心、新闻发布中心等）、展览博物馆和参展商公寓等设施。

上海拥有 9 个大型现代化会展场馆，其中国家会展中心、上海新国际博览中心和上海世博展览馆三大场馆承接大部分展会展览。国家会展中心可展览面积达 50 万平方米，包括 40 万平方米的室内展厅和 10 万平方米的室外展场。综合体共 16 个展厅，包括 13 个单位面积为 3 万平方米的大展厅和 3 个单位面积为 1 万平方米的多功能展厅。上海新国际博览中心室内面积为 20 万平方米，室外面积 13 万平方米，拥有 17 个展厅、3 个入口大厅和一座塔楼。作为上海世博会永久性场馆的世博展览馆由 5 个展馆组成，室内展览面积为 8 万平方米，另外还有 2 万平方米的室外展览面积。

广东会展场馆建设在全国名列前茅，可供展览面积达 170 多万平方米，主要分布在经济较为发达的珠三角城市。其中广州琶洲展馆是世界上最大的展馆之一，设施先进、档次极高，分 A、B、C 三个场馆，室内展览面积达 34 万平方米。深圳会展中心总建筑面积为 28 万平方米，室内展览面积达 10.5 万平方米。此外，深圳国际会展中心的建设，对于提升城市的功能和形象、打造粤港澳大湾区核心区有重要意义。深圳国际会展中心项目一期于 2019 年建成投用，用地面积达 148 万平方米，一期及周边配套设施总投资达 867 亿元。项目一期的建成，使其成为净展示面积仅次于德国汉诺威展览中心的全球第二大、国内第一大的会展中心；整体建成后，其将成为全球第一大会展中心。

香港会议展览中心于 1988 年成立，是亚洲第二大的会议及展览场馆，总面积 30.6 万平方米。有三个大型展览馆，展览面积达 9.1 万平方米，可容纳 2 211 个标准展台；拥有不同大小的会议厅房，共占地 3 000 平方米，以及一个面积为 4 300 平方米的会议大堂。作为香港会展展览的另一个重要场地——亚洲国际博览馆，展览面积达 7 万平方米，设有 10 个单层无柱式展馆，包括一个可容纳 13 500 人举办大型活动的多用途场馆。

知识链接

武汉国际博览中心

1. 发展背景分析

武汉市曾是我国会展经济发展迅速的四大名城之一，中部崛起给武汉会展业提供了强力支撑。成为中西部地区的会展服务中心和会展名城，一向是武汉市给自己在会展业上的定位与目标。而与此背景相违背的是，武汉现有的展馆只能基本满足小型工业展和中型轻工业展，无法承办大型展览，更无法满足武汉日益增长的会展需求。因此，华中地区最大、功能最完善的复合型国际博览中心——武汉国际博览中心就在这样的背景下诞生了。

武汉国际博览中心（以下简称"武博中心"），位于武汉市汉阳区，是以会展经济和旅游经济为龙头，以展览、展示为主导功能，集会展、科技、文化、商务、休闲、旅游、居住于一体的多功能复合型的国际博览城。武展中心由四个部分组成：第一部分是会展核心区域，为武博中心 A 组团，包括展馆、会议、酒店、写字楼；第二部分是位于 A 组团北面，包含海洋馆、科技馆等的文化娱乐建筑区；第三、四部分是西面的商业办公区以及南面的高层住宅区。下面主要以武博中心 A 组团中的展览场馆部分为例进行分析。

武博中心展馆部分，总建筑面积为 466 558 平方米。建筑层数为地上 2 层，建筑总高度 27.5 米。作为带动核心区其他建筑分期实施的龙头建设项目，A 组团展览场馆于 2006 年动工，历时 4 年，于 2010 年底建成并投入使用。其中包含标准展厅 12 个，提供国际标准展位 12 500 个，使武汉一跃成为中部会展之都。武博中心服务于华中现代制造业基地、生产性服务中心、文化旅游中心的功能定位，以承接大型、国际性会展活动为主，是武汉规模最大、功能最完善的会展中心。

图 5 - 2　武汉国际博览中心鸟瞰图

2. 规划选址分析

在城市规划上，武博中心位于武汉新区四新地区，规划定位为现代化的生产性服务中心和生态型的居住新城。开发后的四新地区，将成为综合性城市副中心。这将使武汉城市发展从汉口、武昌、汉阳往西南发展。武博中心作为该地区的龙头建设工程，起着招商引资、发展该区域第三产业的巨大领头作用。

在区域规划上，会展商务，包括会展中心区、商业综合区、博览旅游区和商务住宅区等五个区域，形成以会展为核心，配套完善并充满活力的功能区域。而武博中心所属的 A 组团，配套规划完善，建筑群布置从西向东，依次分为会展、会议、酒店和写字楼三大片区。

3. 总体规划分析

总平面设计分析。武博中心区域交通便利，位于城市二环线和三环线这两条快速路之间，可以很方便地通往机场以及各条国道和高速公路等，不需要穿越汉口和汉阳的商业中心。其四面有城市干道围绕，东面为滨江大道，南面为四新南路，西面为拦江堤路，北面为四新北路。武博中心在场地四个方向上均有出入口与市政道路相连，西出入口为出入展馆的大型车辆出入口，南北两个出入口则配置为出入场馆的小型车辆使用，东出入口则主要提供给会议中心、酒店、办公楼的车辆出入。

整个博览中心以会展场馆为中心，有一个巨大的中央广场，由12个沿圆形外边向外呈辐射状布置的诸展览馆围合而成，犹如一座漂浮于水上的水中之城。场馆围合了一个中心休闲平台以及一个中心下沉广场，供市民开展集散活动使用。国际会议中心西接展览中心，位于规划主轴的东端，是区域内的视觉焦点。超高层办公楼则堆层排列在会议中心两侧，作为该场地在竖向上的视觉定位，为该组团创造了可观的城市视野。

整个博览中心的主体建筑平台均架高了7米，将建筑首层与江堤平齐。该高度既满足了本地区的防洪要求，又争取了最大范围的景观视线，市民可欣赏到长江两岸如诗般的历史人文景观。

绿地系统分析。武博中心的绿地系统由防护绿化带、城市花园、滨水景观、公共绿地、组团绿地等组成。以波浪线的水岸形式隐喻武汉的"长江文化"和"百湖文化"，临近水岸的建筑以自然的曲线形态为主，成为水景的延伸，将平面水景立体化。

中心布局分析。武博中心采用围合式的布局方式，12个标准展厅呈圆环形围合排列。12个场馆又以6个连为一组，可分可合，使用灵活方便，呈南北对称布置。场馆外围留有货车通道，围合的中心除了人流集散的活动平台可作为室外展场外，还设计了一个下沉市民绿化广场，可供一层停车库采光及市民活动使用。

功能分区分析。会展、会议、酒店三大分区明确，在使用上相互联系，功能上又相互独立。武博中心主场馆沿水岸圆形外边排列，交通布局便利舒畅；酒店紧临长江，拥有最佳观景角度；而会议中心则介于二者之间，成为联系展览与酒店功能的共用载体。

而武博中心场馆功能分区主要分为展览展示区、室外展场区、设备及会展配套区、架空停车区。

4. 展览区部分设计分析

空间平面布局方式分析。武博中心采用环形围合式布局方式。12个标准展馆以同一个圆心环绕布置，同时每6个展馆为一组，展馆间以三角形展览空间作为连接，每组端部设登录厅一个。三角形展览空间通过与标准展厅的大型移门进行分隔，这种布局方式为展厅的使用创造了最大的灵活性和可塑性，最大可提供65 700平方米的连续性展览空间。而场馆内环一环布置的是室外展场和下沉市民活动广场，室外展场同时是连接各展厅的人行步道。

标准展厅设计分析。武博中心标准展厅以140米×72米为标准尺寸，展厅可提供国际标准展位560个。展厅配套空间主要分布在内环短边上，从展厅主入口进入后，先进入约350平方米的门厅展示区域，再进入主展览区。

由于标准展厅采用环形围合的布置方式，展厅与展厅间产生三角形的连接空间。该空间可提供展览用途的场所尺寸是8.4米（最宽39.3米）×87.6米。该区域可通过分隔作为展厅的序厅或展览空间进行使用。

通过标准展厅与三角形连接空间的灵活组合，武博中心展示空间强调的是展馆单元组合的灵活独立的使用效果。

5. 建筑造型设计分析

武博中心的设计遵循"水中之城"的概念。一方面，在规划上，环状的水系与自然水系连通，可谓是武汉"四湖连通"（墨水湖、龙阳湖、南太子湖、三角湖）大规划中一组生动的画面，而场馆开放式的市民广场构建着一个包含博览、文化、娱乐、商务、会议、旅游等不同复合功能的主题平台。另一方面，在建筑造型上同样以"水"为立意，突出表现展馆建筑有机的自然韵律。展馆屋面设计是该建筑设计的一大亮点，其通过共性的屋架支撑，多个展厅屋顶环形排列，形成波浪状的展馆形式，以展现出临江建筑恢宏流畅的气势。同时展馆内环面，曲线形的波浪立面处理强调了这一韵律节奏，表现出了自然流畅的设计主题。五站中心从外至内，广场铺地、架空层内吊顶、室内墙面处理均运用波形符号，达到统一、强化的效果。

6. 建筑节能设计分析

武博中心节能设计的一大特色是对景观水、消防水、冷却水的综合循环使用。武博中心围绕场馆建筑设置大片景观水面，而由于场馆建筑采用了具有节能环保功能的净化水处理设备，在对这片景观湖水进行净化循环处理后，不但达到了景观水质的要求，也满足了作为空调制冷机组的冷却水和消防用水的使用要求。这种净水系统的使用和大型景观水面的设计利用，不仅取消了常规冷却塔，而且冷却塔的大量冷却水在使用的同时也自然形成了景观水域的循环，达到了节能的目的。这种一水多用的综合循环方法既能节省投资降低能耗，又能美化环境。

7. 发展现状及未来发展

武博中心项目是省、市重点工程，被誉为武汉新区的"引爆工程"，2010年建成的展馆项目是武汉国际博览中心的一期项目，除展览、展示等主导功能外，兼具集会、表演、体育等多功能用途。

2011年10月，武博中心正式开馆，举办的首场展览为中华全国工商业联合会汽车摩托车配件用品业商会和武汉市人民政府共同主办的全国汽车配件交易会暨全国汽车配件采购交易会，会期共3天，展览规模达6万平方米，参展商约1 900家，展会期间观众流量达到6万人次，高峰时段观展车辆达到3 000辆次。

目前正在建设的会议中心、酒店及海洋乐园项目是武博中心的二期工程，分布在展馆的东侧和北面，为展馆提供配套的会议、住宿、餐饮、娱乐等功能。展望未来，武博中心周边配套将建成完善的交通体系，有12条主要道路交叉相连，可快速抵达展馆。除道路外还将建设两条地铁线路，其中地铁6号线汉阳段已开工建设，将于2016年实现武博中心至汉阳钟家村段通行，地铁11号线为远景规划线。此外，未来还将完善武博中心的交通配套设施，在武博中心长江岸线设有旅游轮渡码头。相信未来武博中心项目所有设施建成后，将进一步提升其展览质量和在会展业中的地位。

武博中心作为华中第一、全国第三的大型场馆，具备了国际一流的硬件水平，可承办超大规模的国际、国内大型展会，举办集会、表演等大型活动。

（资料来源：杨毅. 特大型会展建筑分析研究——针对我国五个会展建筑的横向比较分析［D］. 广州：华南理工大学，2012. 有删改）

5.2 会展场馆信息化建设的结构划分

5.2.1 信息数据中心及应用系统平台

信息是数据的核心，也是应用系统中的基础。信息数据中心及应用系统平台由专门的信息运营部门组织、收集信息数据并不断整合分析。这些信息数据包括全国会展场馆的信息、各类型展会信息、参展商信息、观众信息及展会服务商信息等。通过信息数据中心及应用系统平台将这些会展行业相关信息集中到一起，最终促进会展场馆信息化升级。

根据信息数据中心建立起来的应用系统平台由四个部分组成：公司内部网站系统、综合业务信息查询系统、展会销售管理系统以及公司外部网站系统。针对公司内部网站系统和外部网站系统两个方向的应用层面，信息运营部门可以设计不同的访问权限，将访问人员区分为内部人员和外部人员。根据不同的身份，控制不同层面和功能板块的访问权限。

公司内部网站系统是公司内部各部门、各分公司的信息交流和共享平台，作为底层支持系统为其他板块提供对接功能，能够查询综合业务和销售情况。公司高层能够实时了解公司的经营以及各方面的运营情况，根据盈利状况及时掌握市场趋势和调整经营政策。

公司外部网站系统作为公司对外交流的窗口，为观众、参展商和展会服务商提供全面的信息服务，包括展会信息浏览、参展商网上参展、观众在线登记等。

5.2.2 场馆多媒体信息发布系统

会展场馆是一个空间大、人员流动量庞大且集中的场所。若要将场馆内的展会资讯、服务引导、商业广告、安全事项等信息准确地传达给观众，需要一个高标准的规划及配置，如配置智能化的多媒体信息发布系统有助于提升场馆服务质量。

如今，仅靠传统 LED 显示模式已不能满足会展场馆的服务需求。新建或升级改造的会展场馆将从前期规划、施工期间及竣工运营等方面综合考虑，并结合场馆功能定位和商业运营性质，定制开发运用多媒体信息发布系统。

目前场馆多媒体信息发布系统主要包含两个功能：一是资讯报道。在场馆外场、门禁入口、公共通道、餐厅和休息区域等场所设置相应的显示器，可以用于转播场馆内实况，报道场馆最新公告通知、活动信息、商业广告、城市资讯等。二是信息查询。通过设置服务查询机，提供展会排期、票务查询、场馆路线引导、餐饮及便利店服务分布等服务功能。

5.2.3 场馆经营信息管理系统

经营信息管理系统可进行日常事务流程管理和场馆相关事项的审批。基于系统提供实时的场馆展示区域预订情况、广告租赁情况及管理情况，对展会各项数据进行整理及获取，能有效地优化场馆管理方式。

此外，通过录入场馆平面图，优化展馆排期管理，可为主办方提供分区域点击查询并预订。也可以根据分场馆区域、租赁时间的不同，设置不同的费用。在场馆广告经营管理方面，可根据播放广告的形式、位置等对广告位列表进行设定，并对内容进行审核管理。

5.2.4 场馆服务管理系统

场馆服务管理系统能够为展会提供便利的服务管理。通过信息化平台，从服务层面和技术层面上形成智能化优势，拓展展览服务业务。以自动化、信息化代替传统人工运营，促进服务管理规范化，提高场馆信息化竞争力，创造更大的经济效益。场馆服务管理系统主要涵盖以下三个方面：

1. 展会前期管理

通过场馆服务管理系统，主办方可按照参展商的会议展览布置要求落实布置形式和提供相应的设施、设备、服务。同时，于前期录入各类展会日程表、会议环节时间流程表，以及展会要求订单等，保证会议展览前期准备工作的顺利进行。

2. 现场安全管理

展会现场是一个主办方、组委会、参展商、服务商及观众等多方群体集中的空间，因此现场的服务管理是一项庞大的系统工程。系统对场馆供电、给水、排水、空调设备等进行实时统一管理，确保各类电器设备使用安全，同时保持通信及网络畅通。

在展览活动管理上，通过系统运营每天和各个活动组织方沟通确认，协调落实活动形式，配套服务细节，提供现场应急预案。

在消防及治安方面，因展会期间人流量大，容易发生财物失窃或外来人员将存在消防隐患的物品带入场馆等情况。场馆服务管理系统通过人流数据进行实时监控、门禁安检管理、安全广播提示，排除安全隐患因素，确保展会安全进行。

3. 第三方服务管理

主要包括广告营销、展台搭建、交通物流、餐饮服务以及证件门禁管理等。

系统在展会活动前提供场馆区域广告订购服务管理，提供多种营销渠道选择，如冠名赞助、展会会刊、户外广告牌等。

展台搭建的工作通常在开展前三天开始，在参展商报到前完成，需要搭建商和运输商协作配合。分两步进行：第一步是按图纸划分展会区域的地线，并标明展位号；第二步是按要求搭建好组委会办公室等现场服务办公的区域，提前安排好各单位物资，确保人员到位。

对展会交通物流的管理也是整体展览活动的重要部分。提供专业的物流运输服务，从准备展品到展品运输，再到卸货进场管理，每一个环节都可以通过系统统一管理，让参展商体验到便利与规范化。

目前，每个展览场馆建设都会配设各种餐饮服务，以便整个展会的参展商、工作人员以及观众更好地享受餐饮服务。此外，为了便于会展现场管理，对每次展览会议实行证件门禁管理，如参展商证、观众证、工作人员证、媒体证以及嘉宾证等，加强对入场人员的统计管理。

5.2.5　场馆内部办公自动化管理系统

办公自动化管理系统，是利用技术手段实现办公自动化处理的系统，进而提高办公效率。它采用互联网及内联网技术，以计算机为中心，采用一系列现代化的办公设备和先进的通信技术，广泛、全面、迅速地收集、整理、加工、存储和使用信息，使企业内部人员方便快捷地共享信息，高效地协同工作。办公自动化管理系统能够改变过去复杂、低效的手工办公方式，实现迅速、全方位的信息采集、信息处理，为企业的管理和决策提供科学的依据。它不是孤立存在的，而是与企业其他管理系统（如 ERP、CRM）密切相关、有机整合的。

办公自动化管理系统平台是基于"框架＋应用组件＋功能定制平台"的架构模型，主体部分由 30 多个子系统组成，其核心应用是流程审批、协同工作、沟通工具、文档管理、信息中心、计划管理、项目管理、任务管理、会议管理、关联人员、系统集成、通讯录、工作便签、问卷调查等。

办公自动化管理系统强调办公的便捷方便，提高效率，具备以下五个特性：

1. 易用性

办公自动化管理改变了过去复杂、低效率的传统办公方式，在操作上呈现出易用特性，使企业用户更高效地办公。如果易用性不强，企业用户则需要额外花费大量人力、物力及时间成本来培训办公人员以熟悉产品。

2. 稳定性

由于办公自动化管理集成流转了大量的管理数据，因此系统必须可靠稳定。系统的开发设计既要考虑信息资源的充分共享，更要注意对信息的安全保护和系统的稳定性，因此系统应分别针对不同的应用、不同的网络通信环境和不同的存储设备，采取不同的措施，包括系统安全机制、数据存取的权限控制等，以确保系统的稳定性。

3. 整合性

在现实中，办公自动化管理渗透到管理的各个方面，没有哪一套软件能够独立完成所有方面的管理需求，所以，系统软件必须具备整合性，能够从其他软件系统中自动获取相关信息，并完成必要的关联性整合应用。同时，现实的整合经验也必不可少，因为整合应用不光涉及技术层面，还包括对管理现实业务的理解、整合实务技巧、整合项目把控等实际操作技能要求。

4. 严密性

从系统软件落地的现实需求来看，办公自动化管理系统一方面必须有统一的信息平台，另一方面又必须给各个子公司部门相对独立的信息空间。因此，软件不仅要实现"用户、角色和权限"上的三维管控，还必须同时实现信息数据上的大集中与小独立的和谐统一，也就是必须实现"用户、角色、权限、数据"的四维管控，具备全面的门户功能。

5. 实用性

软件功能必须与管理实务紧密结合，且必须适应企业管理发展的要求，若办公自动化管理脱离实际情况，则会产生负面的作用。在现实中，一方面，企业需要尽最大可能地使软件满足现有办公管理的需求；另一方面，管理本身也是个不断发展的过程，所以，企业更需要使软件能够满足发展的需求。面对这个现实与发展间的矛盾，业界常见的解决模式有三种：项目化、产品化和平台化。

会展档案信息化建设研究与实践
——以湖南国际会展中心档案信息化为例

湖南国际会展中心馆藏档案 6 785 盒，由于历史原因，这些档案资料整理、存放不够规范。受库房保管条件限制，档案资料面临着各种问题，如声像档案消磁，照片档案褪色，老的基建、文书档案损坏。2016 年，湖南国际会展中心对馆藏档案进行规范化的全面整理以及数字化建设，并将档案数据库植入 OA 平台，实现档案信息化管理。

一、档案数据库建设

档案数据库就是将管理对象从"物质流"向"电子流"转变。一方面，档案实体数字化、档案管理过程自动化及元数据得以实现。另一方面，这些数据也为档案资讯化应用和档案个性化服务、档案数据聚合与挖掘等打下了基础，同时提供完善的备份方案以及集中的系统监视和系统日志。湖南国际会展中心档案数据库以需求为主导，以完整地实现预期功能为目标，充分考虑建设成本、运行成本和维护成本，提高项目的性价比，通过系统框架和相应单元的配置，建立起了符合湖南国际会展中心实际情况的档案核心数据库。

1. 目录数据库

档案目录数据库是替代纸质和手工目录实现计算机检索的主要途径，是档案计算机检索系统的重要组成部分，是通过对档案目录数字化，建立档案目录存储、目录数据处理和维护的系统。目录数据库的建设要充分考虑检索点设置、著录和标引的规范、检索内容的合理性，以及符合国家和行业相关标准，建立以用户为中心的专业检索、简单检索、智能检索、全文检索等多途径的检索模式。

2. 全文数据库

全文数据库是指收录原始资料全文的数据库，也就是各类档案的电子版格式系统。常见的数据来源有计算机扫描产生的文件、电脑打字产生的文件、计算机网上传送的文件、电子出版物、OA 平台上的文件以及录入建库等。该数据库直接提供全文，省去了目录加工环节，减少了数据组织中的人工环节，因此数据更新快、检索更加准确。全文数据库的建立可分为数据准备、文本预处理、数据加载、数据检索和数据维护等环节。

3. 多媒体数据库

多媒体数据库就是对多媒体（包含数值、字符串、文本、图形、图像、声音和视频等静态或动态信息）进行管理、运用和共享的数据库。从理论上来说，多媒体数据库除了提供满足大部分格式数据的查询搜索功能外，还应具备不同媒体需要的不同的处理方式，如图形、图像的编辑处理，声音数据的剪辑，流媒体服务等。但在实际操作上，考虑到行业特点及开发成本，湖南国际会展中心多媒体数据库只涉及对多媒体文件的处理。

二、档案数字化建设

档案数字化建设就是将数字档案通过网络互联技术和计算机网络平台供需要者查询、搜索，从而实现资源数字化，管理网络化、智能化，为用户使用提供方便。

1. 馆藏档案数字化

馆藏档案数字化是档案信息化建设的基础，馆藏档案数字化实际上是一种载体转换过程，是指利用现代信息技术手段，将传统介质的纸质、声像、缩微胶片等各种载体的档案资源转化为数字资源的过程。档案经数字化加工后，以目录为依托，将每件档案数字化所得的一个或多个对象存储为一个电子文档。然后将这个电子文档存储到服务器的文件管理系统，通过每个电子文档的 ID 号与档案目录数据库中该份 ID 号的一致性和唯一性，建立起一对一的永久关联。

2. 新增档案电子化

对办公自动化、无纸化、网络化产生的电子文件以及数码照相机、摄像机产生的以机读形式存在的电子文件的元数据和背景信息提出归档要求，确定电子文件积累要求和归档工作流程，完成新增档案的电子化。

三、建设集成化管理平台

建设集成化管理就是建立多门类的档案数据库（基建、影像、照片、文书），对档案进行集中式管理，建立一套功能齐备的档案业务综合管理系统。下面以湖南国际会展中心集成化管理平台为例，简单介绍一下系统技术要求和系统功能需求。

1. 系统技术要求

大型网络版遵循 JSEE 的规范，采用多层架构 MVC 设计模式，总体基于 Struts2 框架、Spring 框架、iBATIS 框架、XFire 框架等当前流行技术。采用 Windows2003 以上版本的服务器操作系统，SQL Server 2005 或以上数据库管理系统，Tomcat5.0 或更高版本以及 JDK1.5 或更高版本的 Web 服务器系统。

（1）使用目前最为广泛的网络编程语言 Java。它具有简单、面向对象稳定、平台无关性、解释型、多线程、动态等特点。

（2）前端使用 jQuery 框架、Ajax 技术，Ajax 使 Web 应用既保留了 B/S 结构的优点，又具有 C/S 结构应用的强大功能。它可以在页面内与服务器通信，使得构建智能化的客户端控件（数据表格、树型控件等）成为可能，且不必整体刷新页面，减少了数据传输量，提高了 Web 应用的响应速度，极大地改善了 Web 应用的可用性和用户的交互体验。

（3）支持 Tomcat/JBoss/WebLogic 的分布式集群部署。J2EE 集群是用来提供高可用性和伸缩性服务的，可以设置服务器群组管理，像单个服务器一样分担处理一个复杂任务，同时支持容错处理。

（4）支持 SQL Server、Oracle 等多种大型数据库，在稳定性、速度、安全等方面都能满足客户的要求。会展中心这次使用的 SQL Server 2005，具有易于安装、部署和使用，并提供完整的 XML 支持等特点。

（5）系统采用了"软件开发平台"的开发技术，不仅考虑到对各行业、各单位业务不同的适应性，同时还兼顾了档案管理模式、数据结构、业务流程等业务因素的变化。这种设计思想使得软件系统和各使用单位实际档案业务之间为松耦合，更方便地定义数据表、界面、报表，适应业务的个性化。

2. 系统功能需求

包括以下8个方面的内容：

（1）能管理多种异介质、多种类型的档案；涵盖档案管理全过程：档案的收集、整理、移交入库，保存价值鉴定、保管、统计、检索、利用管理、编研等，并且拥有强大的后台维护功能；具有数据导入/导出功能：可以将 Excel 等常用条目数据存储格式的文件以及电子原文转换进本系统，或将本系统的条目以及电子原文转换成其他软件可以接收的格式。

（2）支持文件（收文、发文、内部文件）的录入、归档组卷；支持外部接口、OA 接口的数据直接组卷归档至指定门类；支持各业务部门处理与本部门有关的档案，整理后通过档案系统移交至档案归档部门进行归档，减少了档案室人员的工作量；丰富的格式支持；支持在线扫描：可同时上传多个原文，也可在线扫描原文并上传，可将各种格式的文件自动转换成 pdf 文件，支持流媒体在线播放，具有广阔的前瞻性。

（3）可实现门类检索（文件字段条件值筛选）及全文检索（类似于百度搜索引擎），保证检索的速度、查全率和查准率。

（4）具有完善的业务处理功能，包括档案查询（普通查询、高级查询、跨门类查询、全文检索）、档案移交、档案接收、档案入库、档案鉴定、编研统计等功能；使用加密狗加密，保护用户数据安全。同时支持单点登录、用户时间段登录有效等，以满足不同客户对系统的要求。跨全宗的数据集中管理：系统满足多全宗、多层次、大集中方式的档案信息管理要求，实现上下级业务管理、数据贯通和资源的共享，满足会展中心的档案业务需求。

（5）个性化定制功能（门类、界面）。系统不仅可以管理传统的文书、科技、项目、设备、会计、实物、照片、音像等各类档案类型，且可以根据行业要求制订个性化方案管理各单位的各种文件、资料和数据，将档案管理内容根据需要进行扩展，方便适应档案门类的增加、业务规则的变化，完全能满足本单位的文件、档案、资料管理要求；原文使用 FTP 协议方式，具有网络文件的上传与下载特性，如支持断点续传等；拥有完善的用户权限管理系统，可以详细设置每个用户的权限，如只能上传，不能修改或删除等；可以进行数据的加密传输，更好地保护个人隐私，提高安全性。

（6）具有灵活的报表定制功能。可根据用户的需求设计报表模板，允许包含图片、子报表等复杂报表；引入业务流程管理机制。修改流程只需在后台界面配置业务流程即可完成。普通的档案信息管理系统没有业务流程引擎，如果需要修改流程环节，大多数情况下则需要改造软件本身。

（7）灵活的文件归档功能。文件该归到档案哪个门类只需在系统后台进行归档设置即可，一般不同类型的文件归档到对应的门类下；拥有完善的日志管理功能，从用户登录至用户下线，所有的功能操作都有详细的日志记录，方便统计和核实追踪，提高系统的安全性。

（8）系统对档案数据的展示要有非常好的约束性。针对多全宗、多层次集团用户，以简单方便的方式实现了复杂多样的档案权限管理控制，不仅可以控制查询利用权限，还可以控制录入、整理、归档权限和流程。通过简单方便的权限管理可实现对档案的浏览、打印的控制，各归档部门、项目参建单位及档案管理员看到的数据都是不同的，看到的目录、分类表都做了约束，使得归档责任明确，数据一目了然。各部门、各单位、个人根据权限和职责只能看到所需的数据，确保系统的安全和数据的保密性。

四、结语

会展档案作为宝贵的文化精品财富，不仅提供历史参考，还广泛用于政策传播、文化再造、节目研发、教育警示等，是会展行业发展的不可缺少的重要环节。湖南国际会展中心档案信息化的建设和实施，实现了档案管理从实体管理向知识管理的转变，全面提升了档案管理水平，为扩大社会主义文化影响力、提高文化自信力和实现中华民族伟大复兴的历史使命作出了应有的贡献。

5.3 会展场馆智能信息化建设

会展场馆智能信息化建设是先进的建筑技术与现代信息科技相结合的成果。同时，通过信息化平台对展馆设备自动化系统、通信系统、安全保障及消防系统等设施进行统一集成、管理，以达到信息汇集、资源共享和管理优化升级等目的。智能信息化建设有利于对展馆的设施、环境和安全等方面进行管理，也为参展商和嘉宾观众打造了一个舒适便利的会议展览活动场所。

5.3.1 场馆智能化系统概述

场馆智能化系统由各模块组成，主要有设备自控系统（BA）、安全防范系统（SA）、通信网络系统（CA）、办公自动化系统（OA）、火灾自动报警以及消防联动（FA）系统等，是以集中监视、控制和管理为目的的综合系统。系统综合运用涉及建筑设备、电力工程、通信设施、信息网络、安全保障、公共服务、场馆综合管理、售验票管理、多媒体设施及新闻发布等方面。

通过场馆智能化系统建设，使得会展场馆达到国家节能环保建筑的标准要求，同时安全高效、方便快捷地满足会展活动的服务需求，构建了符合国际惯例且具有中国特色的综合信息服务体系。

知识链接

宁波市会展中心是宁波市面向国内外举办大规模综合性展览的场所，位于宁波市国际会展中心西北角，东侧为主场馆，西侧紧邻新河，共2层。1层主要为展览区，包括消控、监控室，变电所，环网室，总高压配电室及其他设备机房；夹层主要为变电所及其他设备机房；2层主要为展览、休息区，包括变电所及其他设备机房。工程用地面积49 130平方米，总建筑面积49 500平方米，共计有1 808个展位：1层960个展位；2层848个展位，建筑高度为23.85米，属于多层建筑。该展馆建设的智能化系统包括：建筑设备监控系统、通信网络系统、计算机网络系统、综合布线系统、安全防范系统（视频安防监控系统、入侵报警系统)、公共广播系统、信息导引与发布系统、机房工程、UPS 电源系统、防雷接地系统、综合管路系统。

(资料来源：文灵．会展中心智能化系统规划设计研究 [D]．大连：大连理工大学，2013．有删改)

5.3.2 大型场馆智能化系统技术选型

随着智能化系统技术不断升级换代，结合大型场馆及会展业的发展需求，在技术选型时应遵循两大原则：

一是取长避短，贴合实际运用。在当今信息社会，新技术成果不断应用于人们的日常生活，每种技术都有特定的适用场景。盲目追新是场馆管理者和使用者经常犯的错误，没有结合场馆实际情况运用智能化系统技术，会导致工作效率低下，耗费大量场馆资源，增加运营成本。因此，在大型场馆智能化系统建设时必须考虑可持续性、可发展性，结合场馆实际情况，配置合理的管理系统；根据参展商及观众数据调查，提供现代化的办公条件和通信网络设施，营造人性化和舒适便利的参展、观展环境。

二是要关注技术的发展前景。在科技创新的今天，人们对系统的要求不断提高，现有的场馆智能化系统的人员技术越来越难以适应会展行业的发展需求。要解决场馆已有系统与展会新科技要求之间的矛盾，就需要场馆智能化系统的技术人员持续关注科学技术的发展前景，预留足够的升级空间以应对未来科技水平的提高及应用的发展。

5.3.3 大型场馆智能化系统总体技术架构

大型场馆智能化系统 (见图 5-3) 大致分为四个层面：系统层、网络层、控制层、执行层。

系统层是整个系统总体技术架构的最顶层，主要由智能化集中监控系统、监控工作站和服务器组成，控制整个系统的运作。

网络层上接监控工作站，基于以太网模块运行，包括以太网交换机、系统控制器。通过光缆连接中心控制机房交换机和各底层交换机。

控制层包括摄像机设备、现场控制器和其他监控设备。整体由网络层的系统控制器控制。其中现场控制器设施应采用可靠性较高的 PLC (可编程逻辑控制器)。PLC 可通过处理器进行数据处理，具备脱离上层系统独立工作的功能，不受网络及其他控制器故障或其他突发事件的影响。在网络通信和其他设备设施恢复正常状态后，自动上传下载系统数据指令，以确保系统整体的正常运行，从而提高整个管理系统的可靠性。

执行层包括传感器、控制开关等执行设备，与现场控制模块连接。通过现场设备传感器接收信号传感，上传数据信息至系统层，再由系统层分析传回指令，控制开关操作确保各系统设备设施正常运行。

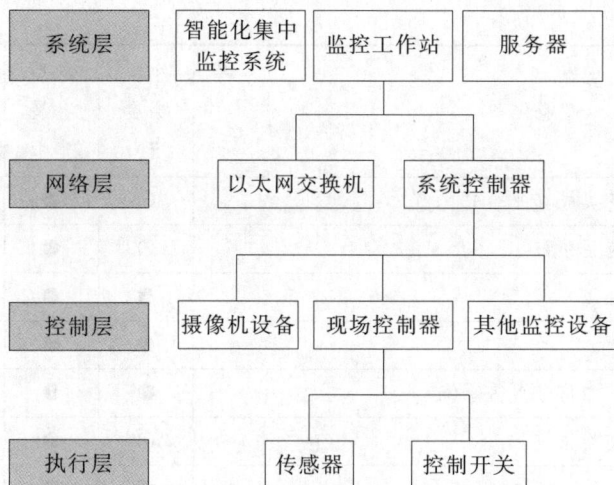

图5-3 大型场馆智能化系统总体技术架构

知识链接

《中华人民共和国国家标准：智能建筑设计标准（GB 50314—2015）》第11条"会展建筑"中规定：

11.0.1 会展建筑智能化系统工程应符合下列规定：

1 应适应对展区和展物的布设及展示、会务及交流等的需求；

2 应适应信息化综合服务功能的发展；

3 应满足会展建筑物业规范化运营管理的需要。

11.0.2 会展建筑智能化系统应按下表的规定配置，并应符合现行行业标准《会展建筑电气设计规范》JGJ333 的有关规定。

会展建筑智能化系统配置表

智能化系统			小型会展中心	中型会展中心	大型会展中心	特大型会展中心
信息化应用系统	公共服务系统		⊙	●	●	●
	智能卡应用系统		●	●	●	●
	物业管理系统		⊙	●	●	●
	信息设施运行管理系统		⊙	●	●	●
	信息安全管理系统		⊙	●	●	●
	通用业务系统	基本业务办公系统	按国家现行有关标准进行配置			
	专业业务系统	会展建筑业务运营系统				
		售检票系统				
		自助寄存系统				

（续上表）

	智能化系统		小型会展中心	中型会展中心	大型会展中心	特大型会展中心
智能化集成系统	智能化信息集成（平台）系统		⊙	●	●	●
	集成信息应用系统		⊙	●	●	●
信息设施系统	信息接入系统		●	●	●	●
	布线系统		●	●	●	●
	移动通信室内信号覆盖系统		●	●	●	●
	用户电话交换系统		⊙	●	●	●
	无线对讲系统		●	●	●	●
	信息网络系统		●	●	●	●
	有线电视系统		●	●	●	●
	公共广播系统		●	●	●	●
	会议系统		⊙	●	●	●
	信息导引及发布系统		●	●	●	●
	时钟系统		○	⊙	●	●
建筑设备管理系统	建筑设备监控系统		⊙	●	●	●
	建筑能效监管系统		⊙	●	●	●
公共安全系统	火灾自动报警系统		按国家现行有关标准进行配置			
	安全技术防范系统	入侵报警系统				
		视频安防监控系统				
		出入口控制系统				
		电子巡查系统				
		安全检查系统				
		停车库（场）管理系统	○	⊙	●	●
	安全防范综合管理（平台）系统		⊙	●	●	●
	应急响应系统		○	⊙	●	●
机房工程	信息接入机房		●	●	●	●
	有线电视前端机房		●	●	●	●
	信息设施系统总配线机房		●	●	●	●
	智能化总控室		●	●	●	●
	信息网络机房		●	●	●	●
	用户电话交换机房		⊙	●	●	●

（续上表）

智能化系统		小型会展中心	中型会展中心	大型会展中心	特大型会展中心
机房工程	消防控制室	●	●	●	●
	安防监控中心	●	●	●	●
	应急响应中心	○	⊙	●	●
	智能化设备间（弱电间）	●	●	●	●
	机房安全系统	按国家现行有关标准进行配置			
	机房综合管理系统	○	⊙	●	●

注：●——应配置；⊙——宜配置；○——可配置。

11.0.3　信息化应用系统的配置应满足会展建筑业务运行和物业管理的信息化应用需求。

11.0.4　公共区域应配置公用电话和无障碍专用的公用电话。

11.0.5　信息网络系统应适应灵活布展的需求，并宜根据展位分布情况配置信息端口。公共区域宜提供无线接入。

11.0.6　宜根据展位分布情况配置有线电视终端。

11.0.7　展厅的公共广播系统应根据面积、空间高度、扬声器的布局等，选择扬声器的类型及功率。

11.0.8　对于有多种语言讲解需求的会展建筑，宜设置电子语音或多媒体信息导览系统。

11.0.9　建筑设备管理系统应具有检测会展建筑的空气质量和调节新风量的功能。展厅宜设置智能照明控制系统，并应具有分区域就地控制、中央集中控制等方式。

11.0.10　安全技术防范系统应根据会展中心建筑客流量大、展位多且展品开放式陈列的特点，采取人防与技术防范相配套的措施，并宜设置防爆安检和检票等系统。

11.0.11　火灾自动报警系统应适应展厅建筑面积大、空间高的结构特点，采取合适的火灾探测技术。

（资料来源：中华人民共和国住房和城乡建设部．智能建筑设计标准［S］．北京：中国计划出版社，2015．）

5.3.4　大型场馆智能化监控网络系统

一、门禁系统

门禁系统的主要功能是在展会期间对各类证件或门票进行电子化身份识别与认证。参展商及观众所持的任何介质的参展证件（如二维码、RFID）在通过门禁系统时，刷卡信息与现场系统信息将同步刷新，门禁系统将自动显示展会现场观众的实时动态。门禁系统承载着收集和整理展会现场买家信息的工作，通过基于手持PDT验证和固定闸机人像比对两种不同方式的门禁系统，可实现对观众进出现场权限的控制和行为信息的采集。该系统全程采用电子信息储存读取方式，方便部门间（如安保部门、后勤服务部门等）的沟通、协调、任务管理、数据调用以及资源共享。通过门禁系统，组展机构能够有效、准确地收集观众数据，并可为观众数据管理平台提供重要的信息支持。[①]

作为大型场馆智能化监控网络系统的关键部分，门禁系统服务既能保证展会的安全高效，也确保了信息数据采集的完整性，对展会的顺利举办发挥着重要的作用。但门禁系统服务中也存在一定的问题，例如门禁系统在展会人流高峰阶段会产生负荷，数据发生量大，数据采集任务重，对设备处理数据的能力要求高。

目前门禁系统主流的实行方式有手持 PDT 验证、智能闸机和人像比对等。手持 PDT 验证支持 3G、4G 网络及蓝牙技术，通过扫描证件上的条形码，采集验证参展商及观众的入场信息，无线传输数据，操作灵活方便。智能闸机集身份证、条码扫描、RFID、人像识别等多种验证方式于一体，可通过红外检测计算人流量，无须人工操作，高效便捷。人像比对是指门禁点摄像头自动拍摄记录第一次扫描进场的观众，当观众再次通过门禁点时，对比首次拍摄记录的观众人像，对比确认一致方可入场，可有效地防止通行证被盗用等情况。

随着国际展会的发展，门禁系统已不局限于核验入场证件、采集数据信息，还增设了安全方面的管理。根据客流量实时监控及公安信息监控，方便组展机构对展会现场进行有效管控及安全管理。

二、建筑设备监控系统

建筑设备监控系统由各设备自动控制系统组成，以智能化、先进性、可靠性、经济实用性和扩展性为原则，既能保证大型场馆建筑内部安全可靠、便利舒适，也能达到节能减排，节省人力物力的效果。

大型场馆建筑设备监控系统由现场控制器、传感器、操作处理器和控制开关组成。功能范围包括建筑及场地照明控制系统、给排水控制系统、排送风控制系统、电梯设备控制系统、供配电监控系统、场馆环境监测系统等。

建筑及场地照明控制系统、给排水控制系统、排送风控制系统、电梯设备控制系统属于设备控制类系统，一般采用"控制器+操作处理器+传感器"的控制方式。传感器将采集到的信号上传给控制器，控制器通过操作处理器经线缆控制运行设备设施。

供配电监控系统通过综合布线采集高低压供配电回路、发电机的运行参数，实时记录并传送至服务器分析，根据不同的状况进行远程控制或断电自动保护。

场馆环境监测系统一般采用专业采集仪表，通过传感器对场馆环境的温度、湿度以及气体进行监测采集，将这些数据通过网络传送至服务器，可实现对整个场馆室内外空气质量的监测。

三、智能化集中监控系统

智能化集中监控系统针对大型场馆的具体应用系统，采用集成管理方式，将不同功能的建筑智能化系统，通过统一的信息监控平台，对整个建筑物内的各种智能化机电设备设

---

① 张素. 会展信息管理 [M]. 2 版. 北京：清华大学出版社，2017：160.

施、安全设备进行集成监控和监视管理，营造舒适、节能的办公环境，并为场馆的管理系统提供所需的设备基础运行数据。

由此可见，其主要功能首先就是集成各子系统的数据，加以计算分析和管理，通过统一的界面集成管理，方便运维人员在不同子系统之间切换查看控制设备设施。

其次是完成不同子系统之间的联动。通过系统平台预先设置的联动控制方案，当发生不同状况触发条件时，系统自动根据不同状况将控制信号发送出去，联动控制操作相关设备设施。

四、智能化公共安全管理系统

智能化公共安全管理系统是指利用计算机技术、通信技术、测控技术、地理信息系统技术（图形可视化）、图像传输技术、网络监控技术、定位跟踪技术和多媒体技术等现代化技术构建的一套运行可靠、管理严密、控制有效、信息全面、监管有力和便于维护的安全接入和数据交换系统，以实现信息的共享并提供科学的管理预案体系及信息化的指挥调度手段，具有场馆事件预警、风险排除、抢险救援等功能。

系统主要包括：智能保安监控及防盗报警系统、安全防范自动化系统、智能门禁系统、智能通信系统、智能停车场管理系统、综合布线系统、智能能源管控系统、场馆楼宇自控系统和智能闸机通道系统等。

系统实现对前端各监控设备和后端的统一接入管理及对历史视频结构化（人像、车辆、特殊标志等）分析、检索，提供基于分析结果的实时轨迹追踪分析工具，具有可视化运维，统一权限管理等功能。同时对外与公安数据平台无缝对接，实现现场实时监控与指挥管理。

5.3.5 智能化展览展示形式：数字展厅

数字展厅又称数字化展厅、多媒体数字化展厅等，是指以多媒体和数字化技术作为展示技术，结合最新的影视动画技术、独到的图形数字技术等，以及通过运用各类新颖的技术吸引参观者，实现人机交互方式的展厅形式。

数字展厅是集各种多媒体展览展示系统为一体的综合展示平台，包括数字沙盘，环幕、弧幕、球幕影厅，迎宾地幕系统，AR/VR技术，互动镜面及触摸屏等。目前国内的数字展厅正处于一个发展热潮，由于融入了各种高新科技，让展厅极具内涵和吸引力，通过对视频、声音、动画等媒体加以组合应用，深度挖掘展览陈列对象所蕴含的背景和意义，带给观众高科技的视觉震撼感，可大大提升品牌价值。

知识链接

相信"平台的力量"，华为行业数字化转型展厅现场直击

数字世界，瞬息万变，企业应如何抢占时代先机，勇立潮头？在行业数字化转型展厅

现场，华为与来自全球的 ICT 产业领袖、行业先锋、生态伙伴、商界智囊，共同展示了平台被赋予数字化转型的力量，各大展台可谓亮点频出，主要有智慧城市展台、智慧园区展台、智慧交通展台、行业使能展台、智慧教育展台、智慧金融展台、智能电网展台、华为服务展台、云数据中心展台九个展台。

1. 智慧城市展台

未来你想要的城市生活是什么样子？来到智慧城市展区便有了答案。"智慧高清""物联潍坊""魅力敦煌""幸福龙岗"生动刻画了智慧城市未来的模样。

秉承着"新 ICT，打造智慧城市神经系统"的理念，华为通过构建开放、共享、便捷的智慧城市使能平台，与合作伙伴共同协助城市实现善政、兴业、惠民的建设目标（见图5-4 至图5-5）。

图 5-4　智慧城市展台 1

图 5-5　智慧城市展台 2

2. 智慧园区展台

你尽管去奋斗，我负责为你打造最自在轻松的工作模式。智慧园区，20 万名员工，人脸识别数据库，1.5 秒园区自助通行，全球 7 000 多个会议室集中在线管理……做到

"0"等待、"0"安保与"0"界限（见图5-6）。

图5-6　智慧园区展台

3. 智慧交通展台

数字化机场，实现了机场的可视化运行、可视化监控、可视化服务，解决了机场客流和航班激增带来的管理和乘客体验问题。比如，智能机位分配能在一分钟内完成1 000多次航班的机位分配（见图5-7）。

图5-7　智慧交通展台

4. 行业使能展台

行业使能平台提供行业数据服务、行业业务服务、应用开发支持服务，OpenLab以"平台、生态、创新"为经营理念，践行"ICT数字化转型"大战略，致力于构建"开放、协作、共赢"的生态系统（见图5-8）。

图 5 - 8　行业使能展台

5. 智慧教育展台

华为以"智能众教育，创新联未来"为宗旨，从数字校园、教育云服务、教育创新实践三个方面阐述其如何引领教育行业的数字化转型（见图 5 - 9）。

图 5 - 9　智慧教育展台

6. 智慧金融展台

在移动支付已成为大街小巷主流的结算方式的时代，金融行业怎能不转型？华为从前台智慧体验、中台智慧决策、后台智慧架构三个维度，全方位、场景化地呈现其智慧金融的主力解决方案，助力金融行业实现数字化转型（见图 5 - 10）。

图 5 - 10　智慧金融展台

7. 智能电网展台

电力赋予了这个时代加速前进的动力，华为智能电网解决方案适用于所有场景，其中 LTE 实现 5 000 终端接入，精控、遥测、遥信和遥控成功率 100%，在线率 100%（见图 5 - 11）。

图 5 - 11　智能电网展台

8. 华为服务展台

"先生您好，请问您需要什么服务？"华为服务展区从云使能服务方案、服务工具平台支撑、服务生态、服务平台四个方面展示了华为的全球服务能力（见图 5 - 12）。

图 5-12　华为服务展台

9. 云数据中心展台

云数据中心展区提供以云为核心的全栈数据中心解决方案，包含云、计算、存储、网络、能基五大部分，展现了华为云数据中心解决方案本身及其对客户与合作伙伴的价值。"智慧、极简、超宽、开放、安全"一直是各行各业网络运维的追求，在企业数字化转型的过程中，网络的重要性正从支撑网转变为生产网。华为 eLTE 行业无线解决方案帮助客户建立安全、可靠、高性能的专用无线通信网络，通过 5G 技术 4G 化和 SingleRAN 行业化理念，使行业向数字化、智能化转型（见图 5-13）。

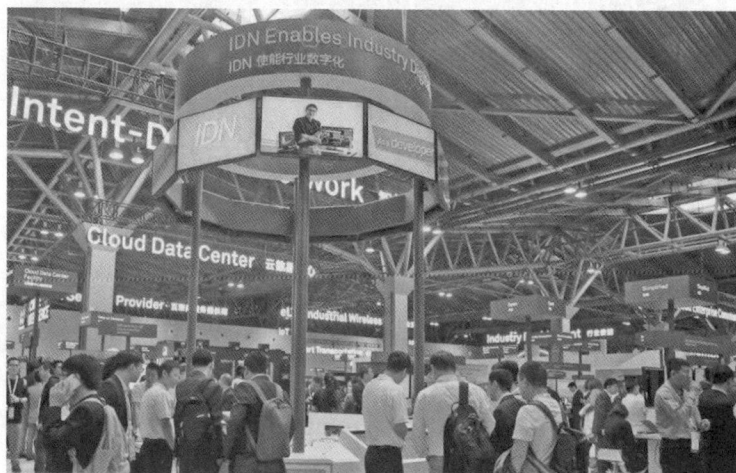

图 5-13　云数据中心展台

（资料来源：相信"平台的力量"，华为行业数字化转型展厅现场直击 [EB/OL].（2018-10-11）. http：//www.sohu.com/a/258897449_99921484. 有删改）

【课后思考题】

1. 一个会展场馆能够给所在地区带来怎样的经济效益？
2. 简述场馆智能化的优点。

6 会展管理智能信息化设计

6.1 会展管理智能信息系统概述

会展管理智能信息化是一个长期发展、不断完善的过程，同时也是一个会展行业主办方、参展商及观众同步成长、多方受益的过程。因此，一套切实可行的会展智能管理系统能够顺利地构筑会展行业各方通畅的信息桥梁。根据会展企业发展的实际情况及业务需求进行规划，收集分析行业需要解决的问题和实现的目标，有效地开发相对应的智能系统，从而促进会展企业朝科技化、系统化发展。

提高会展管理的智能信息化，应该注意以下三点：

一是准确定位自身实际情况及需求。会展管理智能信息涉及的软件、功能和类型众多，不同的会展企业的需求也是不一样的。因此企业要准确定位自身实际情况，分析自身业务需求，筛选出一套最适用的管理智能信息系统。同时还要不断对应用人员进行培训，充分发挥系统价值。

二是转型升级，提高服务综合体验。随着市场经济的转型升级和改革，客户需求及服务的重要性愈发突出。在智能化会展新常态下，无论是参展商还是观众，都更加注重服务体验，对于会展活动的评价也不再仅仅局限于参展企业或观众的数量和质量上。伴随着新生代80、90后人群成为市场消费的主流大军，传统形式的会展业务经营模式发生了根本性的转变，新生代消费力量对于服务体验有着更高的追求，交通、餐饮、住宿、网络和数据管理等复合型综合服务应运而生。而会展管理智能信息系统将会展业各方配套服务综合起来，提升服务质量水平。

三是与时俱进，不断优化。会展管理智能信息系统本身是由多个不同的独立子系统组建而成的，通过有效整合，推动其合理规划发展，提高管理效率。此外，由于信息化时代科技的快速发展，市场环境和需求不断变化与提高，没有永远固定不变的系统建设，系统建设随时根据服务变化需求而不断优化、与时俱进。

6.2 会展管理智能信息系统安全设计

随着信息时代互联网环境日益复杂和开放，信息系统的安全设计已经成为系统规划和开发的重要一环。系统安全包括外在网络安全和内在信息安全两方面。

网络安全主要在于通信网络层面，网络系统的硬件、软件以及系统中的数据受到保护，不因偶然的或者恶意的原因而遭到破坏、更改、泄露，保障系统连续可靠地正常运行，网络服务不被中断。

信息安全就是使内部信息不受内部、外部以及自然等因素的威胁。为保障信息安全，要求有信息源认证、访问控制，不允许非法软件驻留，不允许未授权的操作等行为。

6.3 会展客户关系管理系统

6.3.1 会展客户关系管理系统介绍

要实施会展客户关系管理，组展机构应配备一套适合单位实际情况的 CRM 应用软件系统。这套会展客户关系管理系统必须具备以下四个特点：

一是有一个强大的客户数据库，能将有关客户的数据集成在这个数据库中，客户数据能及时更新删补，敏感数据能得到有效保护。

二是有较强的数据分类分组分析功能，能按主办方、承办方等单位的要求和会展的行业特色对有关客户信息进行分类筛选分析。

三是有较强的数据挖掘功能，能从大量纷杂的客户数据中挖掘出有用的客户信息。

四是符合一般会展的办展业务和服务流程，能促进该流程的合理化和规范化。

综上所述，会展客户关系管理不仅仅是拥有一套 CRM 应用软件系统就能解决客户关系管理问题，配备 CRM 应用软件系统之后，组展机构还必须有经营管理和营销战略的配合支持。① 会展客户关系结构图如图 6 - 1 所示。

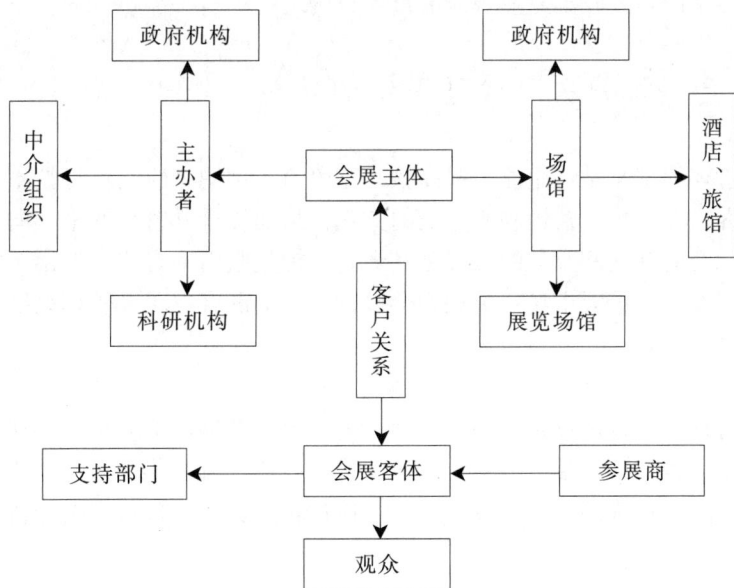

图 6 - 1　会展客户关系结构图

---

① 华谦生. 会展管理 [M]. 广州：广东经济出版社，2008.

1. 会展供应商关系管理系统

会展供应商关系管理系统主要解决供应商数量多、资料信息不对称等问题。通过一系列的选项筛选将供应商进行分类，确保会展项目实现效益最大化。系统主要分为以下五个模块：

（1）供应商管理。包括供应商注册、供应商引入、供应商评审、绩效管理等，将供应商分类整理，便于查找。

（2）采购协同管理。包括采购订单协同、送货计划、条码管理、VMI采购、质量管理。

（3）财务协同管理。包括供应商对账、发票管理、对账结算。

（4）招投标管理。包括评标模板、标案立项、标案发布、供应商投标、评标管理、授标管理。

（5）询报价管理。包括报价管理、价格审批、竞价立项、比价管理。

2. 会员中心管理系统

会员中心管理系统所包含的内容既有参展商的圈层管理，又有以专业观众为主要群体的观众会员体系构建。系统构建应区分参展商和专业观众，并由此展开一系列的数据管理和应用。

（1）参展商管理。主要包括参展商信息管理、关键人物管理、市场活动分析、参展效果评估等，重点将参展后的效果和评价作为维持合作关系的重要手段。

（2）专业观众管理。主要包括观众标签建档、相关度分析、热度分析以及参与程度分析等。

（3）混合管理。有时候参展商和专业观众是有交集的，对于展会的主办方来说，将专业观众转化为参展商是其收集专业观众的重要目的之一。

6.3.2 会展客户关系管理系统的功能

客户关系管理的定义是：企业为提高核心竞争力，利用相应的信息技术以及互联网技术协调企业与客户在销售、营销和服务上的交互，从而提升其管理水平，向客户提供创新式的、个性化的交流互动和服务的过程。其最终目标是吸引新客户、保留老客户以及将已有客户转为忠实客户，扩大市场。关联到会展行业，会展客户关系管理系统主要包括以下三个功能：

1. 市场营销

客户关系管理系统在市场营销的过程中，可有效地帮助市场人员分析现有的展会目标客户群体，如主要客户群体集中在哪个行业、哪个职业、哪个年龄层次、哪个地域等，从而帮助市场人员进行精确的市场投放。此外，通过客户关系管理可有效分析出每一次市场活动的投入产出比。

2. 销售

销售是客户关系管理系统的主要组成部分，主要包括潜在客户、客户、对接联系人、业务机会、订单、回款单、报表统计图等模块。业务员通过记录沟通内容、建立日程安排、查询预约提醒、快速浏览客户数据等功能，有效缩短了工作时间，而大额业务提醒、销售漏斗分析、业绩指标统计、业务阶段划分等功能又可以有效帮助管理人员提高整个公司的成单率、缩短销售周期，从而实现最大效益的业务增长。

3. 客户服务

客户服务主要用于快速及时地获得问题客户的信息及客户历史问题记录等，有针对性并且高效地为客户解决问题，提高客户满意度，提升企业形象。主要功能包括客户反馈、解决方案、满意度调查等。解决方案功能使公司所有员工都可以立刻提交给客户一个最为满意的答案，而满意度调查功能又可以使管理者获知本公司客户服务的真实水平。有些客户关系管理软件还会集成呼叫中心系统，可以缩短客户服务人员的响应时间，对提高客户服务水平也起到了很好的作用。

知识链接

"一带一路"新起点，北京 CEE 消费电子展

2017 年 7 月 1—3 日，第十六届北京国际消费电子博览会（CEE，以下简称"电博会"）将如期在北京国际会议中心举办。此次展览会将迎接来自全球 38 个国家和地区的近 300 家展商，预计将迎接来自全球的 56 000 名专业观众。从数量到质量，从品种到价值，从趋势到创新，第十六届电博会将为您提供消费电子行业的所有相关产品与服务。

成千上万的业内人士在 3 天内参与到电博会中，使电博会成为消费电子行业内重要的大数据来源。尽管数据量庞大，但 CEE 在线商务配对系统将展商和观众的需求同等看待，以提供最精确的配对服务。此外，App、微信及微博打破了时间和空间的限制，将展商及观众通过多种多样的增值服务提前联系起来。在线观众预登记系统将一直开启至 7 月 1 日，专业观众可通过官方网站或官方微信进行预登记，打印条形码后换取免费胸卡进馆。

目前大会官方网站登记的专业观众已经高达 23 000 人次，本届电博会将以最大的展出效果彰显中国乃至国际电子会展行业的实力。

（资料来源："一带一路"新起点，北京 CEE 消费电子展 ［EB/OL］．（2017 - 05 - 17）．http：//www.sohu.com/a/141277851_253687．有删改）

【课后思考题】

会展管理的智能信息化对于客户关系的管理有什么帮助？

7 会展管理数据信息化运用

近年来，随着国内会展市场的发展日益同质化，会展信息化、智慧会展、"互联网 + 会展"等会展新形式层出不穷。建立和提升展会的品牌，要注重的是展会的持续性、内容的精品化、规模的扩展性。一个展会的质量不再仅仅取决于展会的收益，更是各类会展数据的收集和利用效果的体现。会展管理数据信息化运用指以会展数据为基础，开发、使用的数据平台。

7.1 参展商、搭建商、采购商数据中心搭建及运用

会展活动覆盖面广，在整体发展上也需要顺应互联网潮流，设立一个专项会展服务中心已成为当前会展行业发展的一大迫切需求。目前会展行业集中发展网站、App、小程序等应用作为会展信息的发布、宣传平台，但对于会展信息资源的整合仍然缺乏明确的规划。

会展活动涉及参展商、搭建商、采购商等各大方面的需求，因而需要对会展相关数据进行采集、筛选、上传、归纳等，进而搭建起会展数据中心，将会展基础数据库、场馆数据库、参展商数据库、观众数据库等各项数据库纳入会展数据中心，为未来评估与总结提供全面的数据支撑。

对于参展商来说，会展数据中心的展商统计功能模块可以助其了解其他参展商信息，帮助其制定自身展位策划设计的差异性策略。对于参展商和搭建商来说，展商统计功能模块可以助其互相进行高效筛选，建立高效便捷的沟通渠道，加快展位规划设计落地执行。对于采购商而言，则可以助其准确获取展会的举办时间、地点、规模等详细信息，便于各项商业采购活动的规划及开展。

知识链接

2017 年 6 月 10 日，中国会展业大数据中心在贵阳挂牌成立。

作为我国目前唯一一个会展产业大数据中心，中国会展业大数据中心将致力于整合相关会展大数据资源，嫁接会展业大数据平台，在相关指导单位和落地城市的推动下，努力促进中国会展业大数据发展，进一步加快融入"一带一路"倡议，着力与欧美国家会展行业开展交流合作，丰富会展内涵，扩大会展外延，提升中国会展业国际化、专业化、信息化和智慧化水平。

相关人士认为，中国会展业大数据中心落户贵阳，是中国国际大数据产业博览会后大数据产业与会展业融合发展的一项成果，是把中国会展业的各方面资源与中国国际大数据

产业博览会相关资源结合起来的有效举措，与贵阳建设国家大数据综合试验区示范区的目标相契合。

[资料来源：王婉．中国会展业大数据中心在贵阳成立 [N]．贵阳晚报，2017 - 06 -
10（A3）]

7.2　观众数据运用

参观观众分为普通观众和专业观众，二者价值有所不同，普通观众是会展发展所影响的潜在目标客户群体，专业观众是对展览品牌起到关键作用的客户群体，不同的展会都需要兼顾普通观众及专业观众的参与度。

对观众数据进行分析评估是展览展示过程中及结束后的重要工作之一，通过科学合理的分析评估，为展览的组织工作积累具有价值的经验，为完善下届展览提供丰富的决策依据，同时也为参展商与观众提供参展的客观信息。

参观观众的数量和质量直接反映了展会的成效。观众数据分析，特别是专业观众和潜在目标观众的数据分析对客户关系的建立和发展有着重要的意义。会展中通过预登记、问卷调查、门禁系统等以获取观众数据来源，主要涵盖观众性别、年龄、职业、展会信息获取途径、观展原因等，客观地反映了观众对展会的期望值，为完善展会组织工作提供了决策依据，也是参展企业与目标观众选择展会的重要依据。

但需要注意的是，有时候实际观众人数与统计观众人数会有所出入。如慕尼黑国际博览集团于 2005 年 5 月在上海举办的中国国际运输与物流博览会，现场人流熙熙攘攘，但展览报告统计的观众人数只有 9 000 多人。会后，德国负责观众统计的工作人员解释，在中国所办的展览主要是针对专业观众，观众在拿到入场券之前必须进行预登记。媒体、嘉宾及未进行登记的观众并不算在数据当中①。

7.3　会展综合数据分析

7.3.1　展会数据来源

展会数据可以分为统计数据和常用数据。统计数据分为预登记统计数据和现场统计数据；常用数据涵盖报名统计、访问量统计、收款统计、表单信息收集统计（问卷调查表或信息登记表）等。

预登记统计数据包括以下三个方面：

（1）数据跟踪统计：如预登记人数、报名人数、付款人数、报名成功人数等；

（2）流量来源统计：微信、微博、官网等；

---

① 对展览观众数据分析与评估的重要性 [EB/OL]．（2017 - 02 - 03）．http：//www. yshows. cn/zixun/2017/
2865. shtml.

（3）宣传热度统计：通过查询访问深度、停留时间、跳出率、广告浏览时间、来源分析等，查询信息获取来源，从而获得最高效的转化路径。

现场统计数据包括以下四个方面：

（1）签到统计：主会场、各分会场、路演场地签到人数统计；

（2）门禁统计：会场入口门禁系统人数统计；

（3）展台信息收集：收集展商在自身展台获取的人流、交易、问询等信息统计；

（4）其他现场的信息收集。

7.3.2 展会数据分析方法

展会数据分析一般分为三步：统计筛选、比较评估、分析建模。通过数据分析，将所收集的数据和情况统计整理成评估信息，再根据评估标准进行分析。

统计筛选。利用统计学方法，对统计数据进行筛选、归整等，对获得的数据进行科学化筛查，并就其特点、规律、结构等进行深入分析以得出相应的结论。作为原始数据，通过对数据进行统计筛选，可以整理得到符合研究所需的有效信息，进一步对所研究的现象分析提供数据支持。

比较评估。利用不同数据之间的比较评估，进行深入的数据分析从而获取统计结果。通过比较分析能理性地判断出展会宣传效果是否良好、展览活动安排是否合理、观众应邀数量是否达标等明确信息，以进一步分析出展会的长短板。比如一场展会中观众等待的时间比同期增加，那么下一次就要针对此不足之处进行改进，如增设通道等。需要注意的是，在进行比较分析时须确保标准的统一性，避免出现偏差。

分析建模。在统计筛选、比较评估的基础上，依据所得数据信息设计一种模型，并进行详细的分析。数据模型分析在评估展会举办效果以及找出数据和信息的内在联系、原因和问题方面具有明显优势。需注意在分析评估时保持客观、公正，有理有据，认真思考策划执行过程中的每一个细节，对每种情况作出针对性分析。

经过对展会数据的统计筛选、比较评估、分析建模，形成一份完整的观众数据分析报告，对未来展览工作的完善和发展具有指导性作用。

知识链接

第十九届中国国际高新技术成果交易会
第三方调研报告

一、展会概况

中国国际高新技术成果交易会（以下简称"高交会"）由中华人民共和国商务部、科学技术部、工业和信息化部、国家发展和改革委员会、农业农村部，以及国家知识产权局、中国科学院、中国工程院等部委和深圳市人民政府共同举办，每年在深圳举行，至今已连续成功举办了十九届，是目前中国规模最大、最具影响力的科技类展会，有"中国科技第一展"之称。本届高交会设置了国家高新技术展区、创新与科研展区、外国团组展区、"一带一路"专馆、初创企业展区、创客展区、高技术服务展区、信息技术与产品展区、节能环保展区、新能源展区、绿色建筑展区、新材料展区、智慧医疗健康展区、光电显示展区、智慧城市展区、航空航天展区、先进制造展区、军民融合展区、传感器技术及应用展区和高新技术人才与智力交流会分会场。展会总面积达 12 万平方米，全国各省、自治区、直辖市、计划单列市及香港、澳门、台湾、新疆生产建设兵团共 38 家参展团组参展；27 所知名高校精心整合众多科研成果进行展示。来自 46 个国家的 49 个外国团组参加了本届高交会。共计 3 049 家展商参展。展示的高新技术项目达 10 020 项，涉及物联网、智能制造、人工智能、节能环保、AR、VR、互联网＋、大数据、无人系统、智慧城市、航空航天、新能源、新材料、光电平板和现代农业等领域。来自 102 个国家和地区的59.2 万人次参观了主会场和分会场，专业观众人气指数达到 242，即平均每个展位每天接待 242 位专业观众。本届高交会论坛会议总场次超过 252 场，有 1 704 项新产品和 539 项新技术首次亮相，占展览项目总数的 22.4%，63 家企业举办了专门的新产品新技术发布活动。同时，中央电视台、新华社、日本经济新闻社等一大批海内外媒体参与报道了本届高交会。

二、展商分析

1. 展商特征分析

（1）展商区域分布。从展商区域分布的情况来看，境内展商占八成以上，其中深圳展商最多，占 56.22%；境外展商占 15.96%，其中亚洲（中国以外）展商最多，占 9.44%（见图 7－1）。

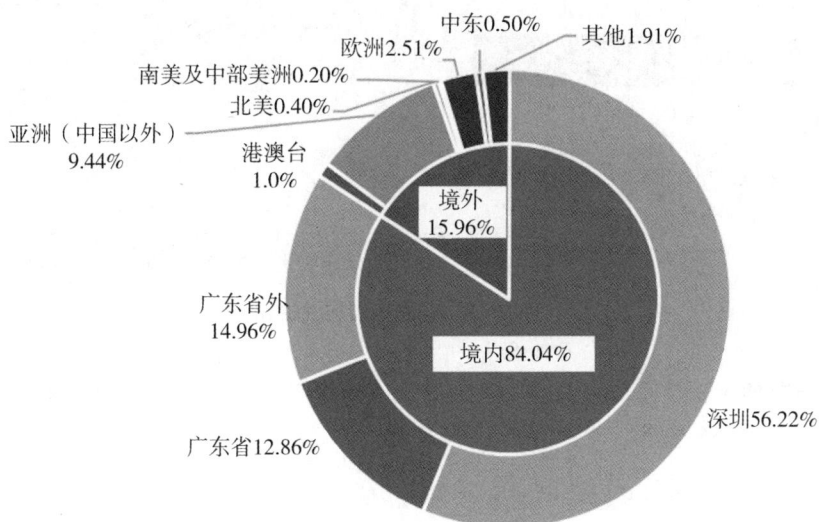

图 7－1　参展商分布占比

（2）投入的工作人员情况。展商对本届展会重视程度高，超过半数展商投入 5 名以上的工作人员参与本届展会，其中 35.69% 的展商投入了 5～10 人，16.83% 的展商投入了 10人以上（见图 7–2）。

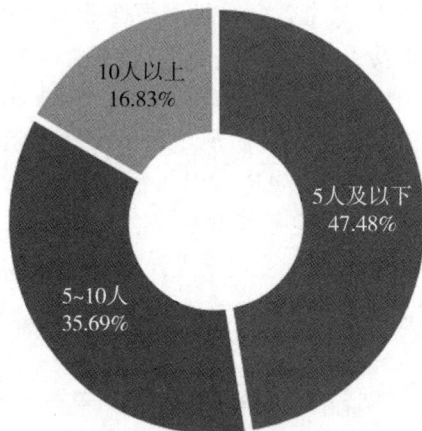

图 7–2　工作人员投入占比

（3）职位属性。展商职位级别为单位中高层的占比近四成，为 37.41%（见图 7–3）。

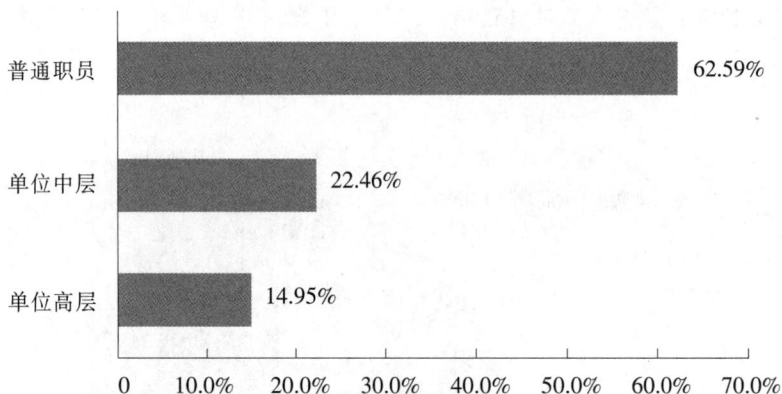

图 7–3　职位级别属性占比

从各展商的不同岗位（见图 7–4）来看，涵盖了企业管理、品牌管理、采购、人力资源、产品开发和销售等，其中销售比重最高，为 23.64%。

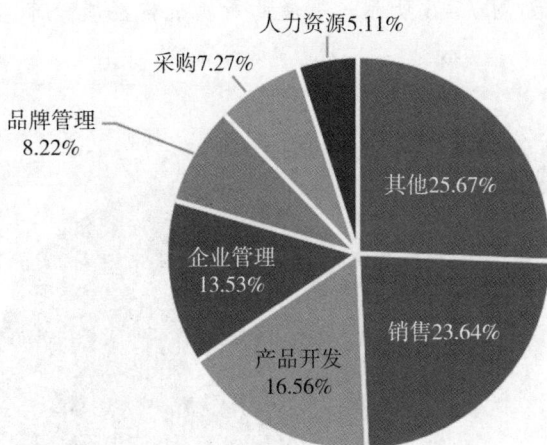

图7-4 岗位属性占比

（4）参展经历。如图7-5所示，59.11%的展商为重复参展，40.89%的展商为本届新加入的展商。

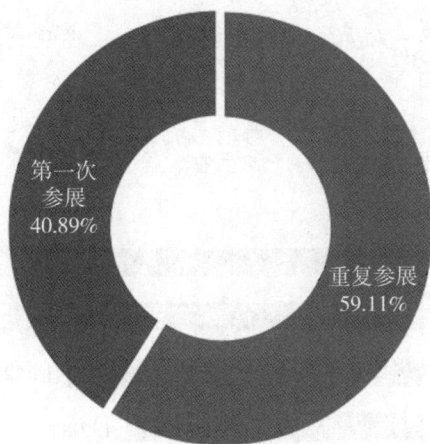

图7-5 展商参展经历占比

（5）展商性质。如图 7-6 所示，从展商所属机构性质分布来看，企业最多，占比为 78.67%。

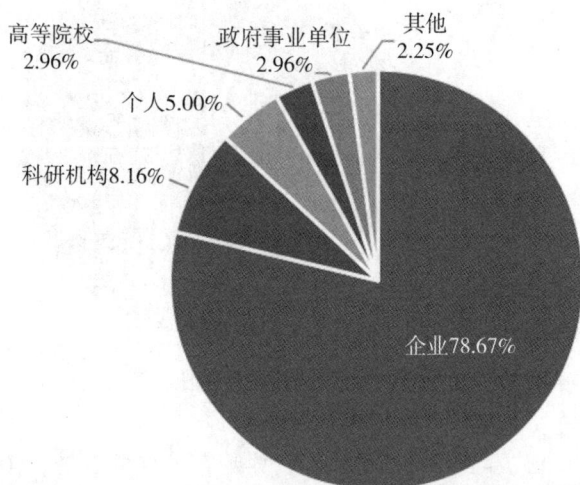

高等院校
2.96%
政府事业单位
2.96%
其他
2.25%
个人5.00%
科研机构8.16%
企业78.67%

图 7-6　展商性质占比

（6）展商行业。如图 7-7 所示，通过调查发现，参展商的行业分布覆盖面比较广，相对而言，分布最集中的是 IT（含通信、物联网、大数据、云计算等）行业，占 21.22%，其次是先进制造、高端装备行业，占 17.16%，再是节能环保、新材料行业，占 14.42%，以及电子信息行业（12.08%）和生物、医药及医疗器械行业（11.77%），等等。

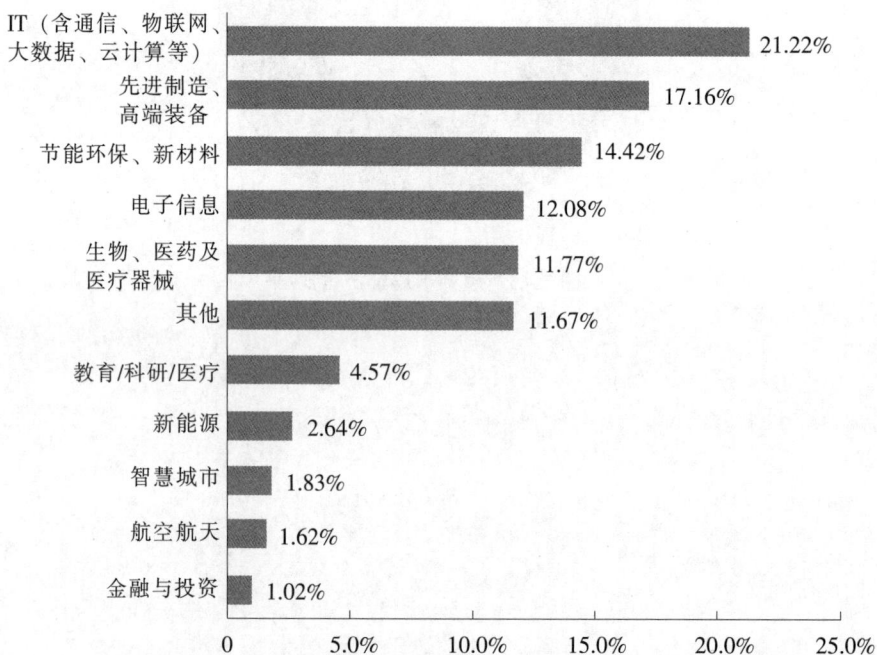

IT（含通信、物联网、
大数据、云计算等）　21.22%
先进制造、
高端装备　17.16%
节能环保、新材料　14.42%
电子信息　12.08%
生物、医药及
医疗器械　11.77%
其他　11.67%
教育/科研/医疗　4.57%
新能源　2.64%
智慧城市　1.83%
航空航天　1.62%
金融与投资　1.02%

0　5.0%　10.0%　15.0%　20.0%　25.0%

图 7-7　展商行业占比

2. 展商参展渠道、目的及意愿

（1）展商获取展会信息渠道。如图7-8所示，从参展商获取本次展会信息的渠道情况来看，主办单位邀请（45.85%）、协会邀请（25.18%）、高交会官网（24.67%）是展商获得展会信息的三个主要渠道。

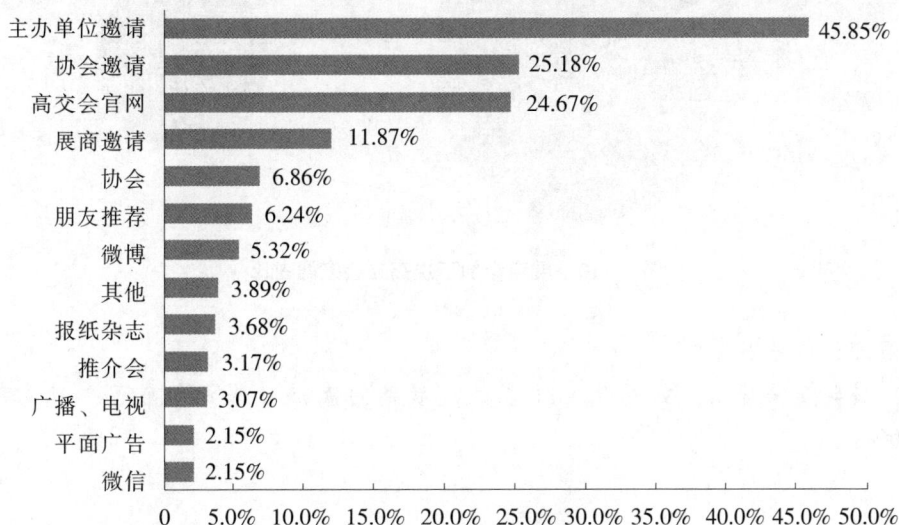

图7-8 展商获取展会信息渠道占比

（2）展商参展目的。如图7-9所示，从参展商的参展目的来看，产品或项目推广（66.90%）、品牌与形象宣传（58.38%）和寻找合作伙伴（47.44%）是参展商的三种主要目的。

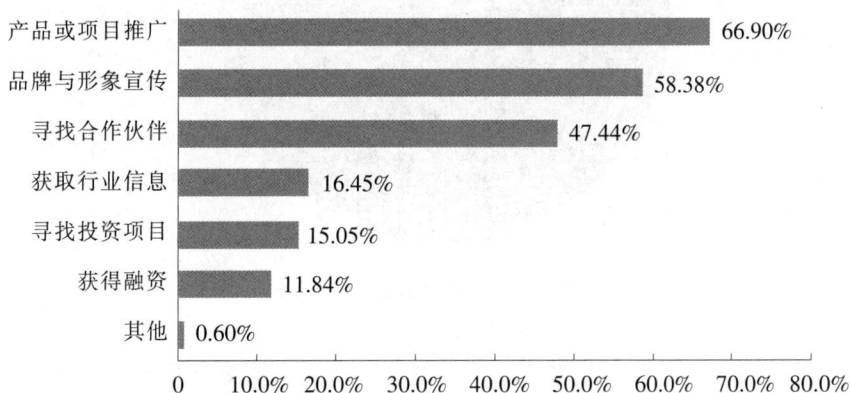

图7-9 展商参展目的占比

（3）展商参加下届展会的意愿。如图7-10所示，从参展商是否愿意继续参加下届高交会的情况来看，70.45%的参展商表示会参加下届高交会，21.76%的参展商不确定是否会参加下届高交会，明确表示不会参加下届高交会的展商比例较低。

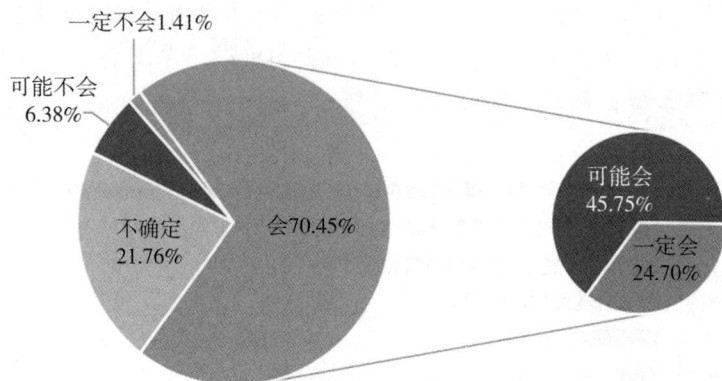

图 7 - 10　展商参加下次高交会意愿占比

3. 展商评价分析

（1）展会效果评价。如图 7 - 11 所示，展商对参展效果评价较高，满意率达到了 93.66%。

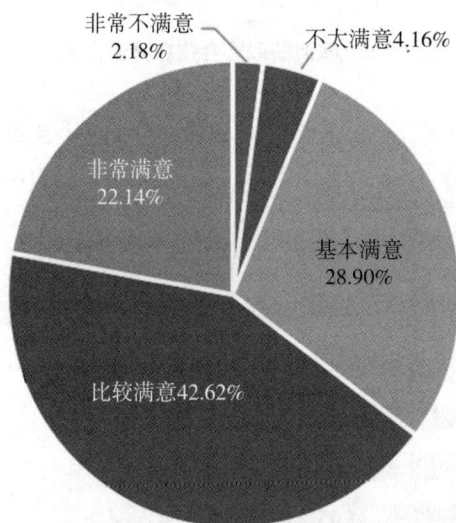

图 7 - 11　展商展会评价占比

（2）展会成功因素评价。如图 7 - 12 所示，从展商对衡量展会成功因素的评价来看，各项因素的满意率均较高，表明展商在本届高交会上的收获较大。

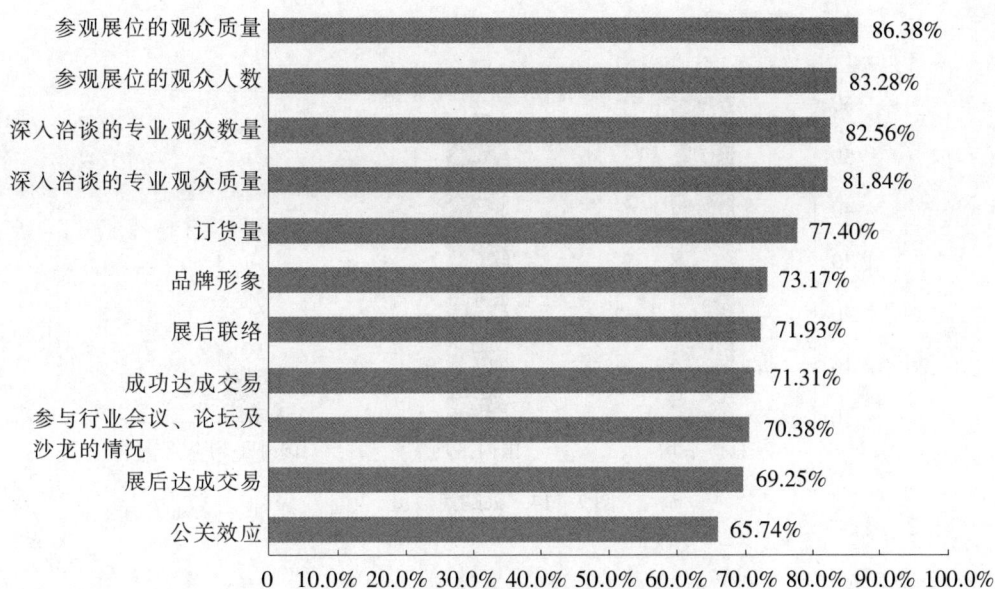

参观展位的观众质量　　　86.38%
参观展位的观众人数　　　83.28%
深入洽谈的专业观众数量　82.56%
深入洽谈的专业观众质量　81.84%
订货量　　　　　　　　　77.40%
品牌形象　　　　　　　　73.17%
展后联络　　　　　　　　71.93%
成功达成交易　　　　　　71.31%
参与行业会议、论坛及
沙龙的情况　　　　　　　70.38%
展后达成交易　　　　　　69.25%
公关效应　　　　　　　　65.74%

0　10.0% 20.0% 30.0% 40.0% 50.0% 60.0% 70.0% 80.0% 90.0% 100.0%

图 7 - 12　展商对展会成功因素评价占比

三、专业观众

1. 专业观众数量分析

本届展会吸引了来自 102 个国家和地区的 59.2 万人次的观众参会。如图 7 - 13 所示，专业观众人气指数达到 242，即平均每天每个展位共接待了 242 位专业观众；如图 7 - 14 所示，采购商人气指数达到 63，即平均每天每个展位共接待了 63 位有意向或有实际采购行为的采购商。

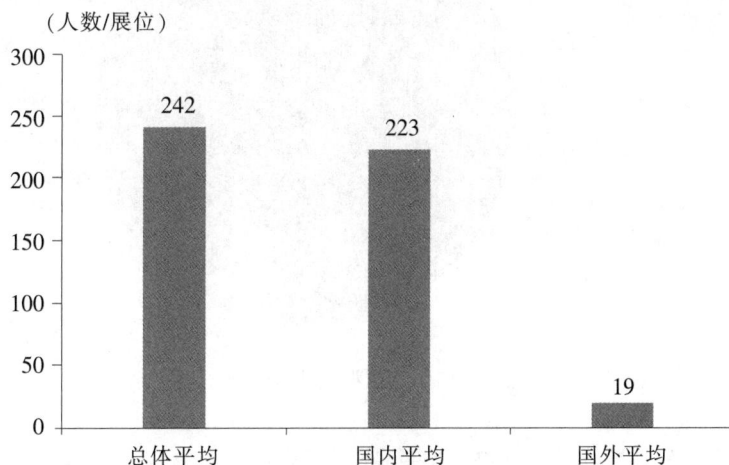

（人数/展位）

300

250　242

200　　　　　　223

150

100

50

　　　　　　　　　　　　19
0
　　总体平均　　国内平均　　国外平均

图 7 - 13　专业观众数量

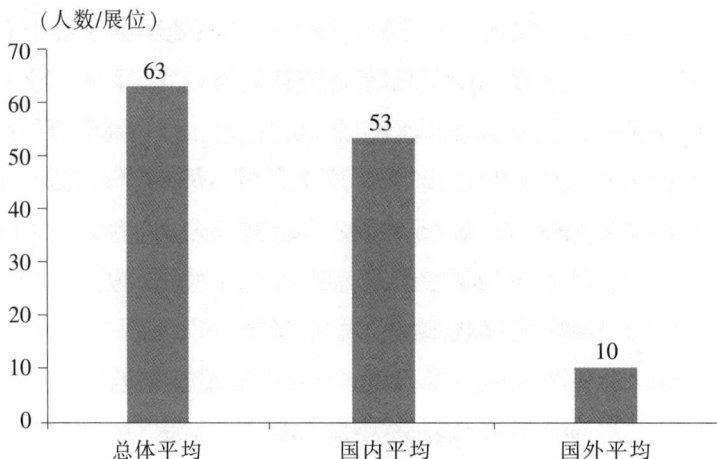

图 7 - 14　采购商数量

2. 专业观众特征分析

（1）专业观众地区分布。如图 7 - 15 所示，从专业观众地区分布情况来看，境内专业观众占 87.70%，其中深圳观众最多，占 48.32%；境外专业观众占 12.30%，其中北美观众最多，占 3.57%。

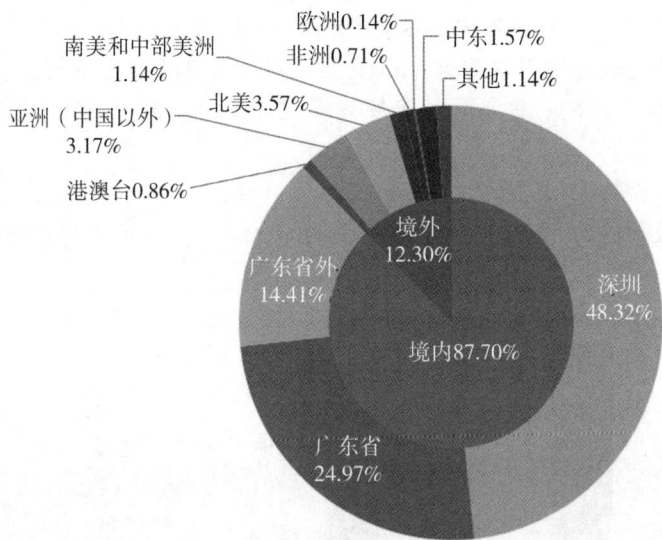

图 7 - 15　专业观众地区分布

（2）专业观众职业属性。如图 7 - 16 所示，从专业观众的职业属性来看，主要为生产厂商/制造商、研发机构、政府事业单位、贸易/代理/经销商和采购商（专业采购人员）五类人群。

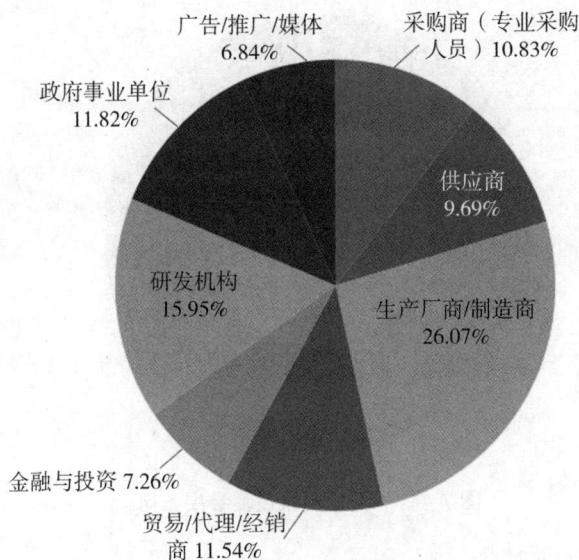

图7-16 专业观众职业属性占比

如表7-1所示，境外专业观众主要来自美国、比利时、印度、白俄罗斯、希腊、埃及、巴基斯坦、土库曼斯坦、叙利亚、乌克兰、肯尼亚、伊朗、坦桑尼亚、塞内加尔等国家与地区。

表7-1 境外专业观众地区分布

项目类别	观众情况
境外观众主要分布	中国香港、中国台湾、中国澳门、韩国、美国、日本、俄罗斯、新加坡、印度、加拿大、澳大利亚、马来西亚、尼日利亚、伊朗、德国、法国、土耳其、越南、巴基斯坦、英国等
"一带一路"境外观众主要分布	俄罗斯、新加坡、印度、马来西亚、伊朗、土耳其、越南、巴基斯坦、印度尼西亚、乌克兰、阿联酋、泰国、哈萨克斯坦、沙特阿拉伯、希腊、孟加拉国、菲律宾、约旦、以色列、叙利亚等
境外团体主要分布	中国香港、中国澳门、澳大利亚、伊朗、马来西亚、德国等
团体观展性质	高新技术类、经贸类、综合类

（3）专业观众重复参展情况。如图7-17所示，本届高交会专业观众中，67.09%的观众为忠诚观众，32.91%的观众为新进入观众。

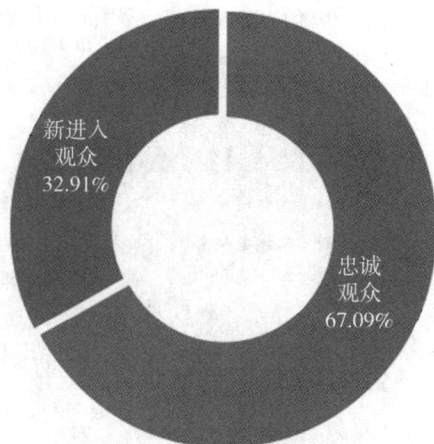

图 7 - 17　专业观众重复参展占比

（4）专业观众所属行业。如图 7 - 18 所示，从专业观众所属行业来看，主要集中于 IT（含通信、物联网、大数据、云计算等）行业，占 20.23%，其次是先进制造、高端装备行业，占 13.22%，再是电子信息行业（12.39%），以及新能源行业（9.26%）和教育/科研/医疗行业（9.12%），等等。

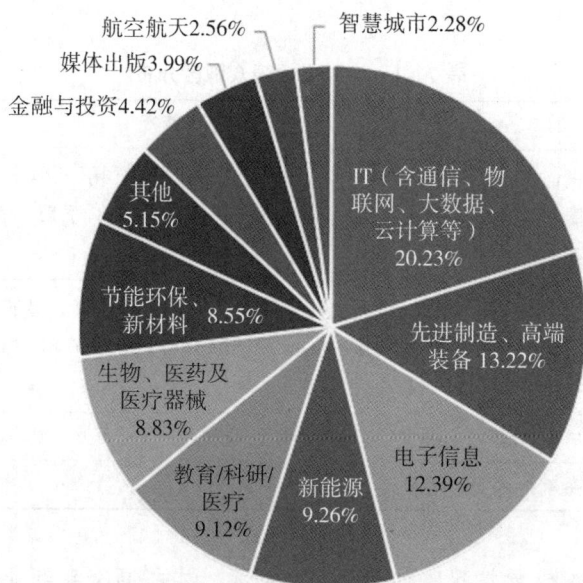

图 7 - 18　专业观众行业属性占比

（5）专业观众职位情况。如图 7 - 19 所示，从专业观众的职位级别来看，主要为企业中、高层管理人员，占比达到了 68.38%，其次是普通职员，占比为 20.37%。

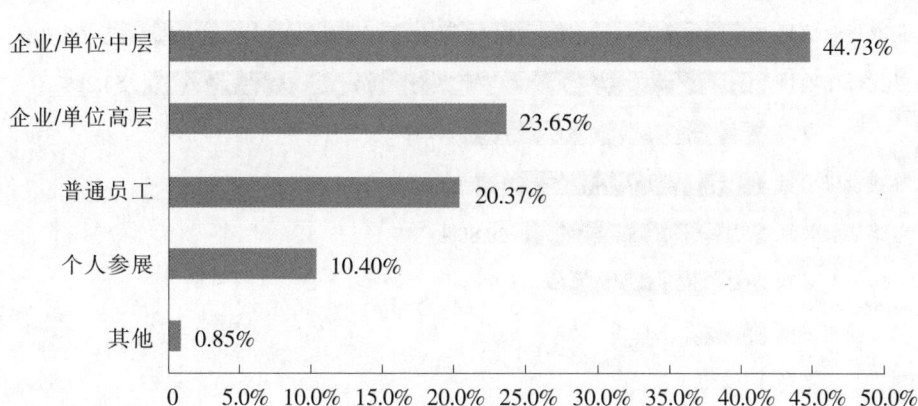

图 7 – 19　专业观众职位级别占比

2. 专业观众参展渠道、目的及意愿

（1）专业观众获取展会信息渠道。如图 7 – 20 所示，从专业观众获取展会信息的渠道来看，主办单位邀请（28.35%）、高交会官网（25.07%）、展商邀请（23.65%）、朋友推荐（20.51%）和报纸杂志（18.80%）是专业观众获取展会信息的五个主要渠道。

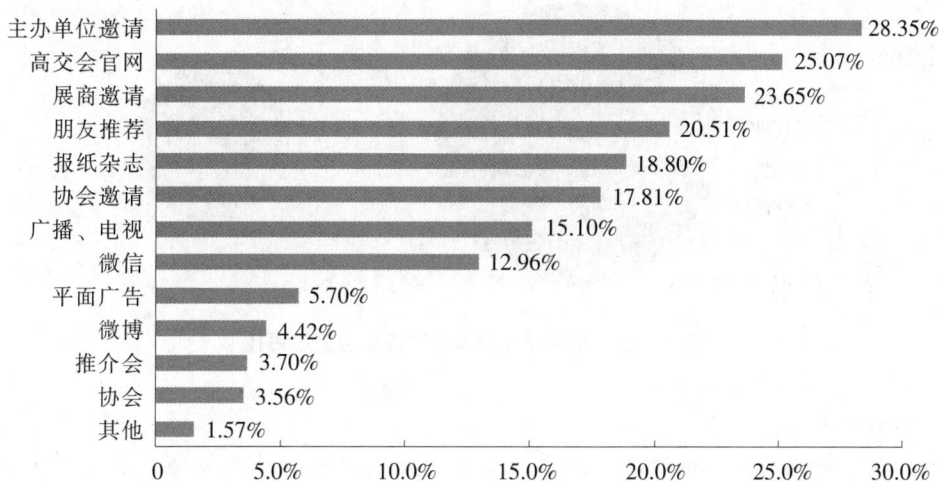

图 7 – 20　专业观众获取展会信息渠道占比

（2）专业观众参展目的。如图 7 – 21 所示，从专业观众参展目的来看，主要集中在获取行业信息（56.70%）和寻找合作项目（53.28%）两方面。

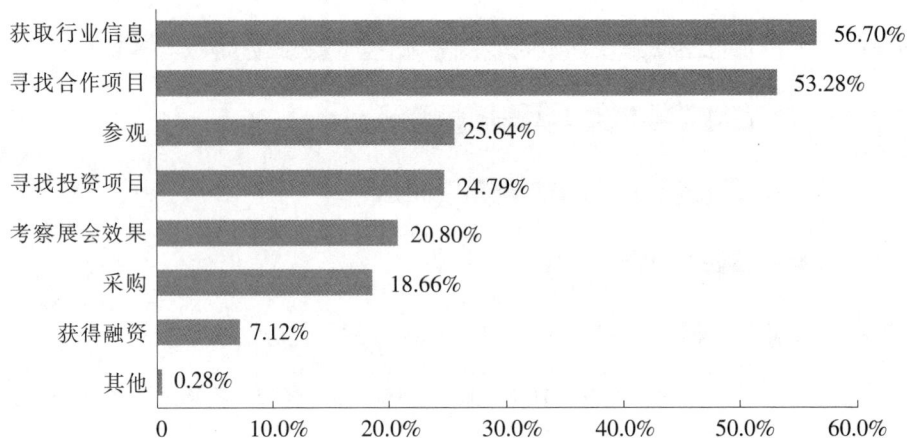

图 7 - 21　专业观众参会目的占比

（3）专业观众参加下届展会的意愿。如图 7 - 22 所示，从专业观众是否愿意继续参加下届高交会的情况来看，84.33% 的专业观众表示会参展下届高交会，明确表示不会参加下届高交会的专业观众比例较低。

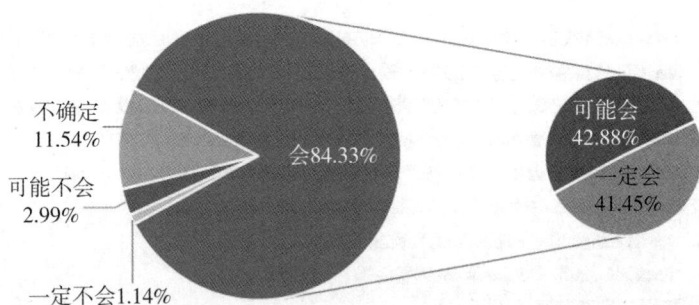

图 7 - 22　专业观众参加下次高交会意愿占比

3. 专业观众评价分析

（1）展会效果评价。如图 7 - 23 所示，专业观众对参会效果评价较高，满意率达到了 67.87%。

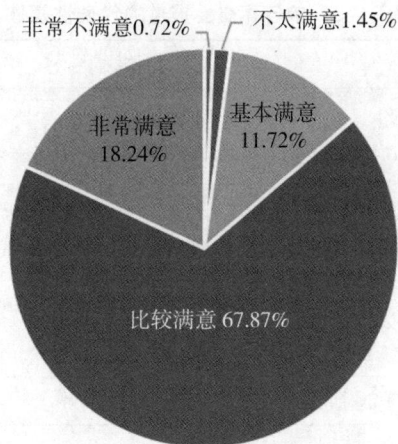

图 7 - 23　专业观众展会评价占比

（2）展会成功因素评价。如图 7 - 24 所示，从专业观众对衡量展会成功因素的评价来看，参展产品或项目的创新性满意率最高，为 67.38%。

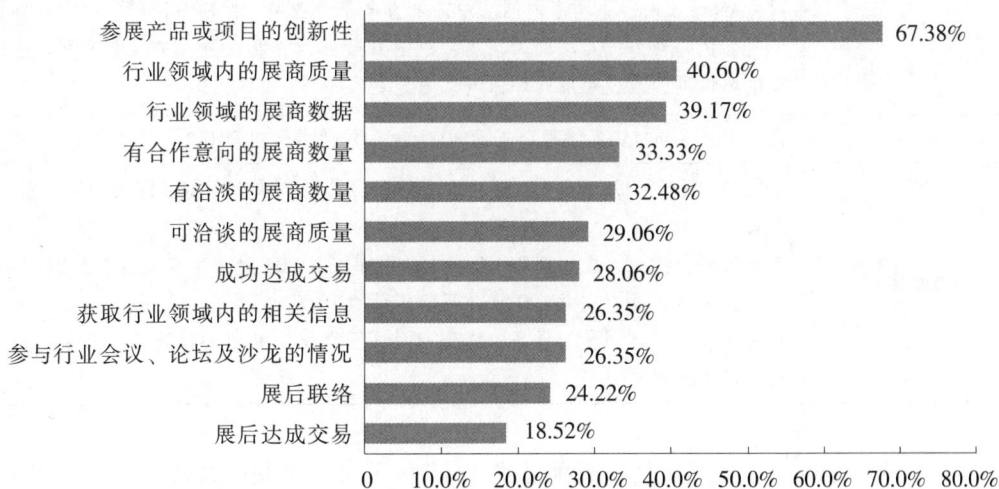

图 7 - 24　专业观众对展会成功因素评价占比

四、立体宣传

共有超过 1 500 名记者参与了本届高交会的报道，媒体满意率为 99.50%，对展会期间的安排与服务以及报道价值给予了高度的认可。

参与本届高交会报道的媒体超过 250 家，其中有代表性的媒体如表 7 - 2 所示：

表7-2 参与高交会报道的代表性媒体

媒体类别	媒体名称
中央媒体	《人民日报》、新华社、《光明日报》、《经济日报》、中央人民广播电台、中央电视台、《中国日报》、中国新闻社、《中国青年报》等
省市媒体	上海、天津、重庆、江西、湖南、河北、内蒙古等地区的媒体，以及深圳报业集团、深圳广播电影电视集团下属的所有媒体都参与了报道并进行电视直播
港澳台媒体	《文汇报》、《大公报》、《香港商报》、凤凰卫视、《南华早报》、《经济导报》、《真晨报》等
海外媒体	日本经济新闻社、美通社、《金融时报》等
门户网站	腾讯网、新浪网、搜狐网、网易等
专业媒体	《中国科学报》、《科技日报》、太平洋电脑网、中关村在线、电脑之家、头条网、硅谷动力、雷锋网、赛迪网、电脑报、IT之家、通信世界网、LED先锋网、中国能源网、中国环保在线、51CTO、手机之家、IT168、小熊在线、比特网、千龙网、至顶网、天极网、硅谷网、北青网、万维家电网、OFweek3D打印网、OFweek3D节能环保网、绿色节能网、SOLARZOOM光储亿家、CIO时代网、A5站长网、中国家电网、中国电力电子产业网、物联中国网、中国软件资讯网、亿邦动力、互联网周刊网、中国IDC圈、睿商在线、中国电池网、全球节能环保网、北极星节能环保网、绿建之家等
直播平台	在映客、斗鱼TV直播平台直播80场次，累计在线观众102.7万人次
自媒体	微信公众平台：关注人数达到173 109人，发布文章215篇，图文阅读总量42万次 官方微博：关注人数达到251 046人，发布文章205篇，博文阅读总量89万次 今日头条号：发布文章120篇，阅读总量约10万次 高交会官网：访问量创新高，展会期间页面浏览量超过100万次，全年页面浏览量逾235万次

其中，中央电视台新闻频道播出新闻首发18条，另中央电视台二套、一套、四套均有重播，对高交会的宣传推广效果显著。

五、论坛活动

1. 论坛活动基本情况

本届高交会举办了各种高层次论坛、专业技术论坛、行业沙龙等活动共252场，其中专业沙龙及活动90场，信息发布活动63场，重点聚焦当下最热门的11个领域：人工智能、智慧医疗、智能制造、节能环保及新能源、AR/VR/MR、航空航天、物联网、智能家居、新材料、智慧城市、双创。代表性论坛和活动如表7-3所示：

表 7 - 3　高交会代表性论坛与活动安排表

时间	活动内容	活动主办方
11 月 16 日	中国高新技术论坛开幕论坛	高交会组委办
11 月 16 日	中国高新技术论坛——创新提升供给质量主题论坛	高交会组委会
11 月 16 日	2017 高交会"创客之夜"	中科创客学院
11 月 17 日	中国高新技术论坛"创新与未来技术"主题论坛	高交会组委会
11 月 17 日	中国高新技术论坛——未来科技峰会科技创新、智能智造、金融科技专题	高交会组委会
11 月 18 日	中国高新技术论坛——"科技改变生活"主题论坛	高交会组委会
11 月 18 日	2017 中国深圳·航空航天产业高峰论坛	深圳市航空航天产业协会
11 月 18 日	2017 全球智能产品高峰论坛	深圳市智能控制技术与应用协会
11 月 18 日	2017 "互联网 + 政务"高峰论坛	中兴通讯、美国国际数据集团（IDG）
11 月 20 日	中国（深圳）"一带一路"农业合作发展论坛	深圳大晟文化发展有限公司
11 月 21 日	第十九届高交会媒体通报会	高交会组委办、深圳市委宣传部

2. 论坛活动满意度评价情况

如图 7 - 25 所示，从论坛活动满意度评价情况来看，新产品新技术发布满意率最高，达到了 99.60%，其次是论坛（99.36%）和专业沙龙及活动（98.18%）。

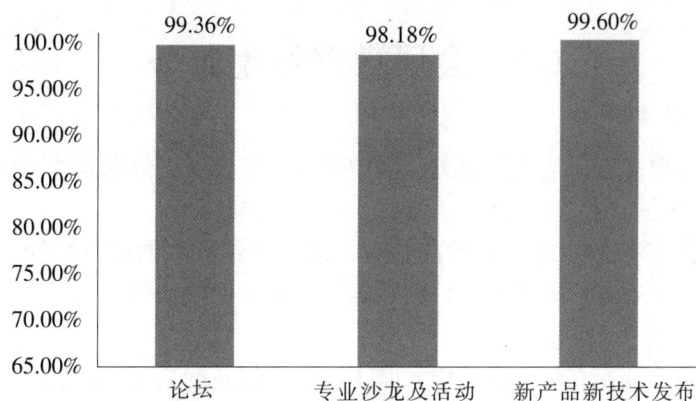

图 7 - 25　论坛活动满意度评价情况占比

7.4 行业内横向信息下的分析比对

行业内的横向比对，是通过与行业内的同类展会活动（展商招募、展会组织、观众邀约等）进行分析和比对，进而得出自身在行业内所处的梯队、竞争地位，以及在经营方面的优势和劣势，通过这种分析比对可以更好地了解自身发展的优势和劣势，更清晰地认识到工作中的不足。

行业内横向分析比对主要涵盖以下两个内容：

1. 行业基本状况分析

包含对行业概况、行业技术概述、行业发展历史及现状、行业收益增长率、行业发展趋势预测、行业发展困境、行业有关政策预测等相关基本信息的分析。

2. 行业一般特征分析

（1）行业的市场类型分析。不同行业有不同的市场，不同的市场又有不同的类型。会展行业作为一个包含组织运营、搭建管理、门禁服务、数据管理等各大门类的大行业，不可避免地存在多种市场类型并存的情况。主要有完全竞争型、垄断竞争型、寡头垄断型、完全垄断型，针对不同类型的市场要有针对性的策略。

（2）行业的经济周期分析。行业发展存在不同的经济周期，也称商业周期、景气循环。具体有增长型、周期型、防守型三种。增长型，是指依靠技术的进步、新产品推出及更优质的服务实现增长；周期型，是指行业状态直接与经济周期相关，可伴随经济发展趋势而变化；防守型，是指需求相对稳定，不受经济周期的影响。

（3）行业同业发展分析。展会类型众多，针对展会的不同类型分析的时候也要结合同业的发展情况来进行。主要针对同行同类及同行异类的不同策略、布置、方案等进行比对分析，取其精华，去其糟粕，以同业发展的经验教训为依据进行改进。

7.5 会展数据衍生服务

会展数据衍生服务有展前数据服务、展中数据服务、展后数据服务三种。

1. 展前数据服务

展前数据服务主要是在展会开始前，对人流、物资等数据进行统计。包括预登记数据、预登记观众分类数据、展前人流评估数据、展前交通数据等。

2. 展中数据服务

展中数据服务主要是在展会进行中，基于展前数据及展会现场的实时数据，确认是否增加、保持、减少相关配备投入。包括现场人流热度数据、现场服务人员数据、现场安保分配数据、现场门禁登记数据、现场门禁入场数据等。

3. 展后数据服务

展后数据服务主要是展会结束后，对收集到的各项数据进行统计分析，如观众人员信息、观众行业领域分布数据、线上互动营销热度数据、展台热度排名数据等，以提供全面的办展分析报告，建立精准观众画像和意向客户行为数据。

知识链接

2017 年北京国际电子烟展览会展览面积为 10 000 平方米，有 500 多家国际品牌参展，18 365 名专业观众到现场参观，展商展会满意度为 93.4%，观众展会满意度为 95.3%，各项数据创历届北京国际电子烟展览会新高！

展后，主办方特别制作了展后报告，通过大数据分析（见图 7 – 26 至图 7 – 27）可全面了解展会的情况：

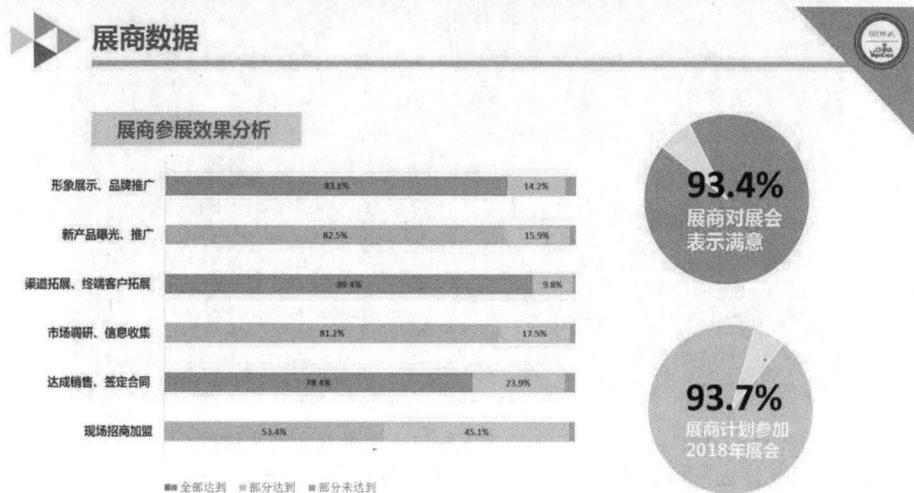

图 7 – 26　2017 年北京国际电子烟展览会展商数据

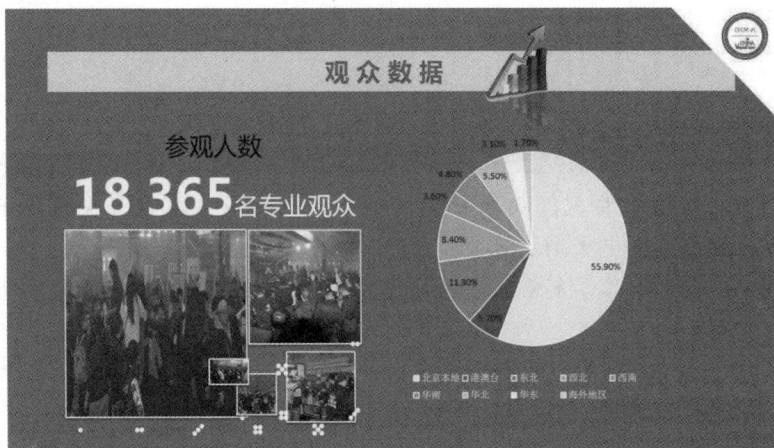

图 7 - 27 2017 年北京国际电子烟展览会观众数据

(资料来源：展后报告 2017 北京国际电子烟展，大数据分析带你全面了解 [EB/OL]. (2017 - 11 - 17). http：//www. sohu. com/a/204926402_353262. 有删改)

【课后思考题】

展会中有哪些数据值得收集分析？它们的价值体现在哪里？

8　网上会展，未来会展的延伸

8.1　电子商务基础

8.1.1　电子商务发展背景与历史

自 1839 年电报出现后，人们便开始尝试应用电子手段开展商务活动。当商务贸易开始以电线传输为基础，就标志着商务活动与电子技术相结合的新世纪开启了。直到以电子数据交换（EDI）和电子资金传送（EFT）为基础的互联网开始出现，企业间电子商务应用的系统也开始应用于商务领域。随着科学技术的不断发展，磁带、软盘、光碟等电子数据资料载体转变为因特网，大量的市场商务公司开始尝试构建与客户间的电子通信并通过其处理关系。

1991 年因特网对社会公众的开放及 1993 年万维网的出现，标志着处理图文声像功能的网络技术开始成熟发展，电子商务从此开始步入高速发展阶段。

8.1.2　电子商务的概念

美国经济学家托马斯·马龙教授将电子商务的概念分为狭义和广义两种。狭义的电子商务是指通过使用互联网等电子工具（包括电报、电话、广播、电视、传真、计算机、计算机网络、移动通信等）在全球范围内进行的商务贸易活动。电子商务是以计算机网络为基础所进行的各种商务活动，包括商品和服务的提供者、广告商、消费者、中介商等有关各方行为的总和。一般理解为在运用电子化的买与卖的过程中，卖方找到了潜在的客户并了解其需求，而买方找到了潜在的卖主并了解其产品的销售条件等。

广义的电子商务是指通过电子手段开展的商业事务活动。通过使用互联网等电子工具，使公司内部、供应商、客户和合作伙伴之间，利用电子业务共享信息，实现企业间业务流程的电子化，配合企业内部的电子化生产管理系统，提高企业的生产、库存、流通和资金等各个环节的效率。

因此，现代意义上的电子商务通常是指在全球各地广泛的商业贸易活动中，在因特网开放的网络环境下，基于浏览器或服务器的应用方式，利用计算机技术、网络技术和远程通信技术，对商务过程进行电子化、数字化和网络化应用，具体包括以下三个方面：

（1）基于浏览器或服务器应用，在因特网开放的网络环境下，在全球商业贸易活动中实现网上购物、网上交易、电子支付以及各种交易活动。包括但不限于金融活动、合同签订活动、综合服务活动等。

（2）利用简便快捷的低成本电子通信方式，让买卖双方在互不谋面的情况下开展各种商贸活动。可以通过多种电子通信方式来完成，包括但不限于电报、电话、网络等，以电子数据交换和互联网交流为主。

（3）通过网上银行或在线电子支付等和数据加密、电子签名等技术，形成包括买卖双方、银行、金融机构、政府机构、认证机构、配送中心等在内的非物理世界商务活动网络。

8.1.3 电子商务的分类

随着科学技术和商务应用的不断发展，电子商务也发展出了多种不同的类型，主要是按照参与对象、交易内容、网络类型等进行划分，具体如下：

一、以参与对象划分

1. 企业对消费者

即零售业对客销售。企业或商业机构借助互联网开展商业销售活动，为客户提供商品搜索、浏览、收藏及订购等功能，并通过电子支付技术进行支付。具体呈现如超市的网上商城（见图 8 - 1）。

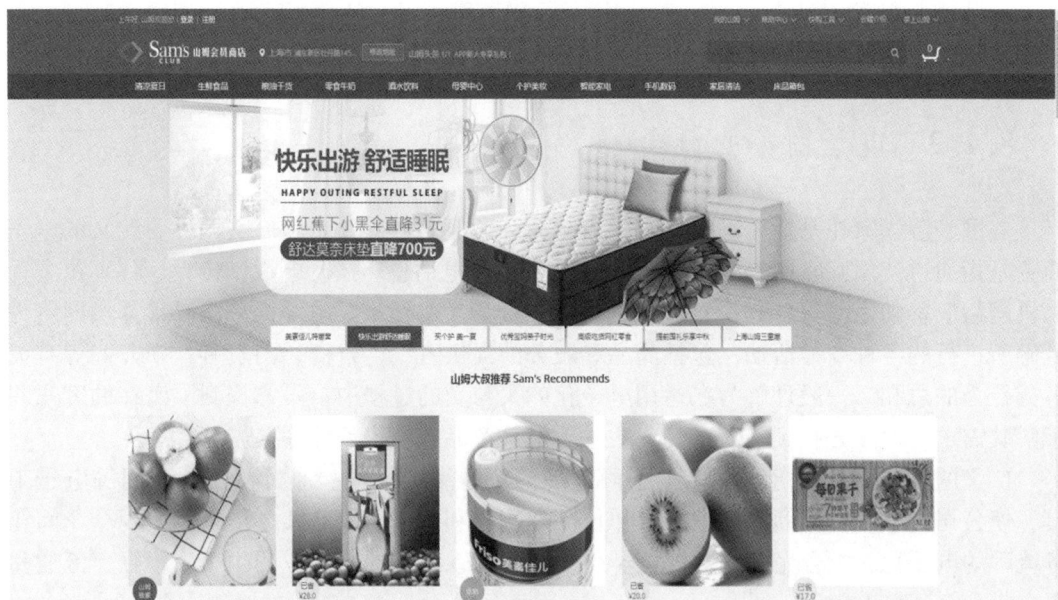

图 8 - 1　山姆会员店网上商城

2. 企业对企业

即大宗商品交易。具有一定的共同利益关系的企业或者商业机构，为了共同目的在市场开拓、库存管理、收付款等方面进行密切合作，进行大规模的商务往来。具体呈现如各大类型的销售平台和入驻商户（见图 8 - 2）。

图 8-2 天猫商城

3. 企业对政府

即政府的采购招标及电子政务。政府部门通过网络提供各项服务，如网上报关、工商登记、政策指导、电子缴税等各类信息的办理、查询、竞投标。具体呈现如各地政府部门的公共资源交易中心（见图 8-3）。

图 8-3 广州公共资源交易中心

4. 政府对消费者

即政府对于个人的政治管理及个人对公民权利的行使。政府部门通过电子平台对居民实施个人管理，公民通过电子平台形式享有监督、建议等权利。具体呈现如各地政府部门的电子政务平台（见图8-4）。

图8-4　上海市出入境管理局电子政务平台

5. 消费者对消费者

即个人商务交易。个体到网站注册建立网店或者通过平台处理各类闲置物品、提供个人技能服务、销售产品等。具体呈现如各大闲置物品拍卖网（见图8-5）。

图8-5　闲鱼网

二、以交易内容划分

1. 直接电子商务

即向客户提供无形商品及各类服务。如各类旅游产品、金融类服务产品、调查研究服务等，此类产品无须与客户直接接触即可提供，在降低企业运营成本的同时可使客户方便快捷地享受商品服务。

2. 间接电子商务

即向客户提供实体商品及有关服务。如各类实体性的物资产品，需要将产品交付物流配送公司完成商品配送服务，涉及商品的网上选购、商品调集、仓储配送等环节，对于企业规模有较高要求。客户采购流程图和商家配送流程图如图 8 – 6 至图 8 – 7 所示。

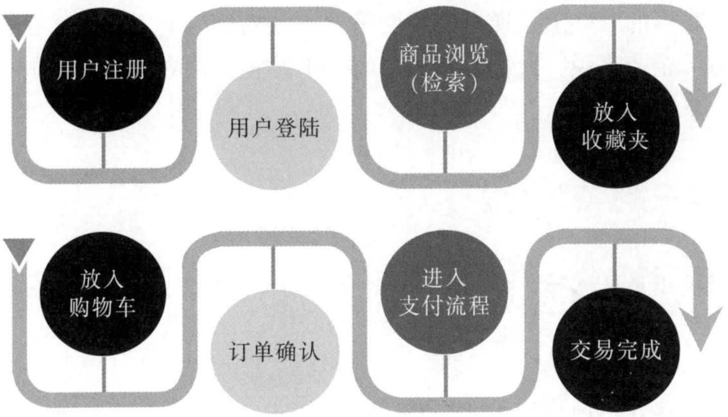

图 8 – 6　客户采购流程图

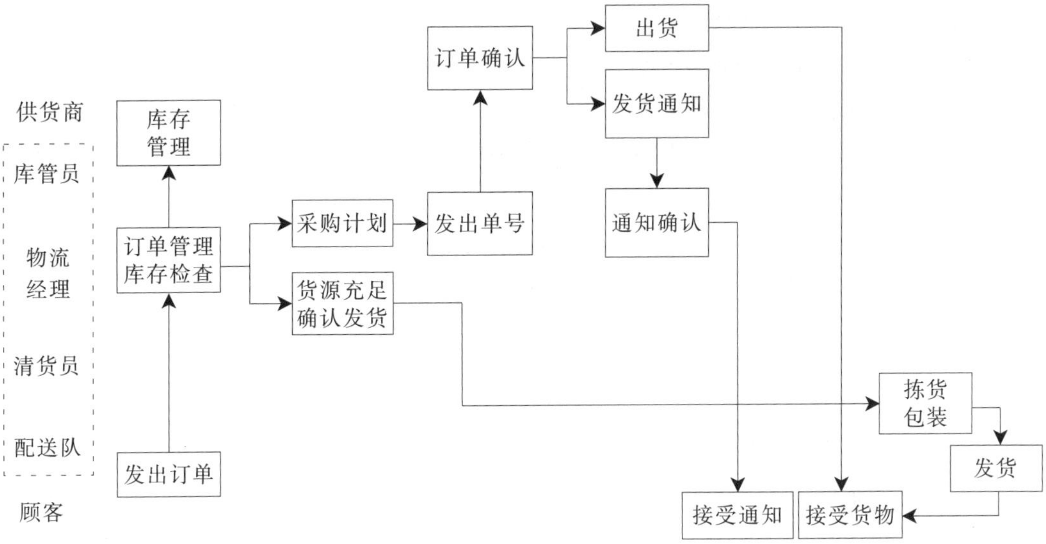

图 8 – 7　商家配送流程图

三、以网络类型划分

1. 国际互联网商务

即以计算机、电子通信、多媒体、数据库技术为基础，通过互联网实现网络销售、购物等服务。具有低成本、低投入、零库存、高效率等优点，可以避免商品无效转移，实现资源高效配置。

2. 企业内网商务

即企业通过建立内部局域网络，实现企业内部各部门及分子公司的采购及配送服务。此类商务局限于企业内部，确保企业总部、各部门、各分子公司实现联动互通，外界访问者未经授权无法进入，最大限度地保证了企业内部的信息安全。

3. 企业外网商务

即企业在互联网的基础上，通过多种网络方式，构建与上下游协作企业连接的沟通协作运营网络。对于企业来说，此类网络可以与上下游企业建立更加紧密的伙伴关系，提升企业间的资源共享互通能力。

8.1.4 电子商务的功能

电子商务可提供网上交易、管理、统计等商务活动全过程的服务，具有以下九种功能。

1. 企业业务组织功能

电子商务是一种基于信息的商务活动，在这一过程中，通过重组企业内外大量业务以确保企业高效运作。对外，强化与合作伙伴之间的联系，打通对客窗口；对内，提高业务管理的集成化和自动化水平，实现高效、快速和方便的业务活动流程。

2. 信息发布与广告宣传功能

电子商务可凭借企业网站发布各类商业信息和企业信息，以供客户浏览。客户可通过搜索引擎工具迅速获取所需的商品信息，而商家则可利用网上主页和电子邮件的形式在全球范围内进行广告宣传。相较于传统广告，网络广告具有低成本、高覆盖、多内容的优势。

3. 咨询洽谈功能

在电子商务活动中，顾客不仅可以借助非实时的电子邮件、新闻组和实时论坛来了解市场和商品信息，洽谈交易事务，进行即时交流，还可以摆脱地理限制，进行多种形式的异地交谈，并通过实时的图片和视频等内容，提升沟通效果。

4. 网上订购功能

在产品介绍页面上提供订购提示信息和订购单的填写。当客户填写完订购单后，系统会通过发送电子邮件等方式通知客户确认订购信息。通常订购信息会采用加密方式来传递和保存，以维护客户和商家的信息安全。

5. 网上支付功能

完整的电子商务过程包含网上支付环节。客户和商家之间可采用比传统支付手段更为高效和方便的电子货币、电子支票、第三方支付平台等新型支付方式，减少交易过程中的中间环节和成本。

6. 网上金融与电子账户功能

网上支付需要电子金融的支持，而电子账户管理是其基本组成部分。银行、信用卡公司、保险公司等金融机构为客户提供网络金融服务，用数字凭证、数字签名、加密等手段提供可靠的电子账户操作安全保障。

7. 信息服务传递功能

交易过程中的各项信息服务传递，如订货信息、支付信息、物流配送信息等均可通过各种网络服务来实现。非实体商品及服务亦可以通过网络进行传输，如电子期刊、远程维修、软件服务等。

8. 意见征询和调查统计功能

采用问卷调查方式收集用户对产品及服务的反馈意见，让企业获得用户数据第一手资料。通过对反馈意见和交易数据的统计分析，可以构建客户群画像以及制作可视化数据报告，充分把握市场需求，改进产品及服务，扩大市场占有率。

9. 交易管理功能

在商务活动中，对整个交易过程的管理将涉及人、财、物多个方面以及企业与企业、企业与客户、企业内部等各方面的协调和管理，因此，交易管理涉及商务活动的全过程。电子商务的发展，将会提供一个良好的交易管理网络环境以及多种多样的应用服务系统，进而促进电子商务获得更广泛的应用。

8.1.5　会展业中电子商务的发展概况

日益发展的电子商务，具有广告宣传、咨询洽谈、网上订购、交易管理等功能，逐步成为推进国民经济和社会信息化发展的必然趋势。伴随着全球化信息时代、互联网时代的到来，互联网产业也进入高速发展期，电子商务很快应用到市场的各行各业，会展业也不例外。电子商务的应用体现出了传统会展业无可比拟的独特优势——它提供了会展最需要的人脉和资源，为会展业务全流程的网络化管理提供技术支持，方便了会展的客户资源管理，提高了会展信息的交流速度，大大降低了会展企业的成本，提高了会展活动的经济效益，为虚拟会展的进一步发展提供了条件。电子商务对会展业的作用是补充和加强，会展业和电子商务结合是会展业自身发展的需要。会展业中电子商务发展主要以网上会展方式呈现。

1. 国际城市会展业中电子商务发展的现状

网上会展在国际会展业中的应用发展迅速。以展览业高度发达的德国为例，据德国经济展览和博览会委员会（AUMA）提供的统计数字可知，不仅在德国，甚至在国际上，就营业额而言，德国展览业处于一个高度领先的地位：全球十大展览公司有四家位于德国。在过去的十多年里，展览业的销售额几乎毫无例外地增加，在2016年创下了39亿欧元的纪录新高。根据对500家具有代表性的德国公司进行调查，得知主要展示在B2B交易会上。根据这一计划，超过四分之一的公司打算在2018—2019年在德国和国外的贸易展览会上投入更多资金，57%的公司计划花费相同的金额。在同一时期，这些公司希望将其交易会预算平均增加4%。面对网上会展的发展，超过50%的参展企业认为网上实物展览会有一定的作用和意义，甚至四分之一的参展企业认为网上实物展览会存在的意义和发挥的作用会变得更大、更重要。另外，对网上会展的介绍、应用环境的分析和相关技术的研讨、展示和培训，其本身也可以成为实物会展的有机内容。

2. 我国会展业中电子商务发展的现状

以往国内一些展会举办过网上会展，但规模等级仅限于小型化、专业化会展，如手机、电话卡、影碟、书籍展会等，主要作为企业的一种营销手段。大型综合性的网上会展多为实物展的附属品，网上观展人数较少、交易额较低、整体设计水平参差不齐。

近年来，随着国家会展业电子商务的快速发展，许多电子商务会展平台在数量和质量上都取得了重要突破。其中，由中华人民共和国信息产业部、中华人民共和国国家经济贸易委员会等单位研发的中国网交会平台，已逐步发展成我国规模最大、运作最规范、信息最真实、突破地域限制覆盖全国的网上展示交易共享平台。它不仅是区域间业务资源、用户群共享的综合商贸业务平台，也是我国网上会展业务共享的电子商务平台。

在国内，包括阿里巴巴、网盛生意宝、慧聪网、环球资源、焦点科技在内的五家 B2B 电子商务上市公司在线上外贸交易平台、线下展览或买家见面会和认证服务中均有涉足。原本"扎根"网上的电子商务服务企业纷纷开始涉水线下会展，借助"线上为主 + 线下为辅"的模式帮助传统企业拓展新的发展空间。而以线上线下互动办展办会的形式，提供贸易撮合、招商引资等服务的虚实互补组合方式，俨然成了电子商务巨头们觊觎的一大热点。

目前，我国大型会展中心都已经建立了专业网站，如中国进出口商品交易会（广交会）官方网站，其网页上有"展览资讯""参展指南""酒店商务"等链接。会展业的蓬勃发展，促进了电子商务技术向会展业的渗透。会展业电子商务能迅速形成丰富的行业业务资源和聚集专业用户群，对于政府部门、行业组织、展览场馆、会展企业来说，合作发展会展电子商务，举办网上展会，有利于服务实物展。会展业向电子商务延伸，大量与展会、行业服务相关的电子商务应用将获得丰厚的回报。对于展出单位来说，提供网上展位出租、展示内容制作和网络广告营销服务，发展传统企业的 IT 外包业务，拓宽了展商的数据增值业务空间①。2000—2015 年我国电子商务市场规模统计如图 8 - 8 所示：

---

① 符恩柱. 浅析电子商务在我国城市会展中的应用 [J]. 中国科技信息，2008 (24)：136.

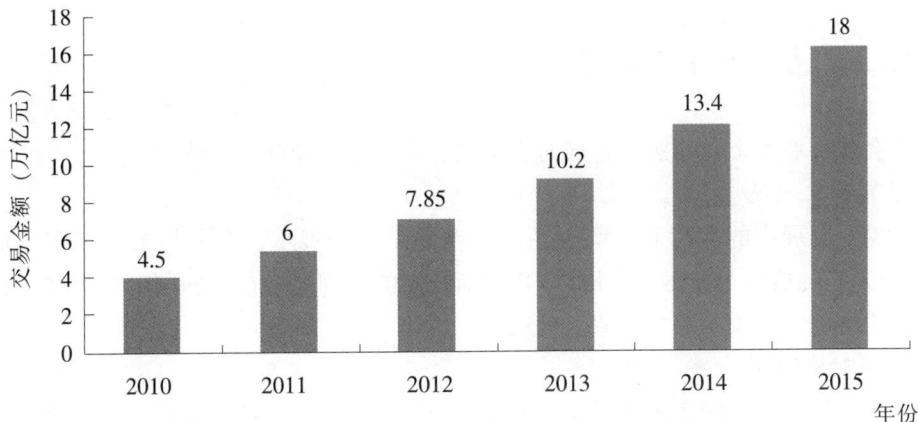

图 8-8　2010—2015 年我国电子商务市场规模统计

（资料来源：中国电子商务研究中心）

8.2　网上会展——永不落幕的会展

8.2.1　网上会展的形式

网上会展的形式有网上展览会、全球会展、网络会议、网络视频会议四种。

1. 网上展览会

网上展览会是在一个虚拟的网络展览馆中进行的展览会，其交易交流环节都是通过计算机和网络实现的，它致力于在网络上实现展品的展示、推广及交易。网上展览会提供了一个专业、诚信、高效、便捷的网上展览展台和全方位的信息化服务。

2. 全球会展

全球会展包括展会、节事活动、会议三大类，主要是发布各地会展信息，进行展会项目的全球推广和展示，主要形式为各大展览网站。主办方、参展商可以通过这类平台发布各地的展会、节事活动、会议等信息，方便观众直接以网上报名的形式参与。

3. 网络会议

网络会议是指接受网络支持的在线会议，通过音频、视频传输技术实现在线语音、视频交流，以满足信息传达、交流、教学等需求。网络会议打破地理空间的限制，实现即时性的互动交流，如跨国集团的全球会议。目前可实现文件共享、多人在线、会议记录等多种功能，可极大地满足办公协调交流的需求。

4. 网络视频会议

网络视频会议是以网络形式建立视频沟通渠道，将不同地区的视频通信内容安全传输到同一网络，通过视频终端设备实现视频即时性沟通，包括但不限于图片、文字、音频等资料的传输。

8.2.2　网上会展的特点

网上会展有展示形象直观、打破时空限制、营销推广便捷三个特点。

1. 展示形象直观

目前网上会展中的产品通常都以高清晰度的图片来展示，有的甚至还制作出精美的3D 动画效果。随着科学技术的发展，VR 等新技术的应用也会让新的网上会展展示相较于原来会展单纯的图文说明更加形象、直观。

2. 打破时空限制

线下的实体展会受制于展览时间、展馆面积、展期天气、地理位置以及交通状况等因素，对于展商和观众来说都有所限制。而网上会展由于其网络运营的性质，可以突破这些物理限制，方便展商和观众随时随地参与展会，打造出"永不落幕的展会"的效果。而且较高程度地降低了主办方的运营成本，做到了低成本、高效率、高水平。

3. 营销推广便捷

网上会展既是产品展示的重要方式，也可以作为产品和品牌营销推广的重要渠道。相较于其他渠道，网上会展自身具有网络化的特点，具有受众面广、搭建成本低、展览时间不受限制等优势，而且通过展览过程中的广告信息植入，可以更加方便地进行营销及推广，因此非常受企业的欢迎。

8.2.3　网上会展的服务内容

网上会展的服务内容包括为展馆服务、为主办方服务、为参展商服务三个方面。

1. 为展馆服务

通过网上会展服务，可以进行展馆的网络展示、服务介绍、展会的资讯报道和案例说明等，为主办方和参展商提供会展场地的大体架构、会展现场布置条件、会展场馆内外的软硬件设施等信息，便于其展台搭建、门禁布置、人员安排等各项工作的开展（见图8-9）。

中国国际高新技术成果交易会
CHINA HI-TECH FAIR

资讯 | 展商 | 展品 | 活动

资讯搜索

首页 | 高交会2018 | 展览与展示 | 论坛及活动 | 参展指引 | 参观指引 | 媒体指引 | 网上展会

首页 > 参展指引

展位指引
信息技术与产品展位价格 / 节能环保展、新能源展展位价格 /光电显示触控展展位价格

参展商活动指引
展商参展会务流程

资料下载
高交会参展商手册下载、会展中心图纸下载

联系汇总
咨询电话：0755-82849990、82849991

特装服务
联系人：张小姐 21330610
13760322380、陈小姐
13798433293、李小姐 13751161698

票证办理
本届高交会证件分为：贵宾证、嘉宾证、参展商证、特邀买家证、红色工作证、会务证、后勤服务证、记者证（近...

图8-9 第二十届中国国际高新技术成果交易会网上参展服务

2. 为主办方服务

主办方可以通过网上会展服务，进行展会信息推广、招商、展位预订等服务，同时可以通过网络直播、视频宣传等形式推广展会。通过网上会展服务，建立一个网络观展渠道，让受制于时空、交通、天气等因素而不能前往现场的观众可以在线上观展，而且还能收集观众的相关信息，构建精准用户画像。

3. 为参展商服务

参展商可以通过网上会展服务，实时了解人流分布情况、其他会展参展商的布置，方便参展商各项工作的开展，还能通过网络直播、产品路演、展品特效演示、展商信息等向既定经销商（意向客户）和消费者集中展示，促进洽谈交易（见图8-10）。

图 8 – 10 网上展会产品演示

8.2.4 网上会展运作的基本流程

网上会展运作的基本流程一般分为以下三个阶段：会展交易前期、会展交易中期和会展交易后期。

1. 会展交易前期

主要指交易买卖双方在签订合同前的一系列准备活动。买方根据自身的业务需求，通过各种网络途径搜寻会展项目交易的相关信息，筛选比较各方贸易规则，通过全面的市场调查和市场分析，确定交易对象，与交易对象进行更深层次的关于各方业务范畴及交易政策等方面的洽谈。

2. 会展交易中期

双方根据业务内容细则进行网上协商谈判，明确双方的权利和义务，以及签订合同之后双方各自的权责，买卖双方代表达成协议之后进行电子签约。交易过程中可能涉及的模块包括：中介方、金融银行机构、保险公司、物流运输公司，以及海关、商检、税务等。交易双方主要通过电子数据交换与这些模块单位交换电子票据和电子凭证。

3. 会展交易后期

买卖双方办完交易中所需的生产服务、金融、运输、检验等手续后，卖方需落实相关货物（备货、组装、寄送）或服务，双方可以通过电子商务跟踪服务实时查看货物情况。买方收取货物或相关服务之后，按合同的规定履行双方的结算业务，并出具相关单据。

8.3 网上会展网站建设过程

8.3.1 网上会展网站建设的要点

网站是展览企业信息化建设的重要组成部分，是展览企业展示形象和实力的窗口。通过互联网形式参与市场竞争已成为信息时代经济发展的必然趋势，组展机构通过网上会展网站，可以使展会项目发挥最大效益。网站建设过程中涉及技术、设计、营销和运营等方面，大致分为以下四个要点：

1. 网站内容规划和排版设计需全面构思

网站建设需要对内容进行总体规划和整体排版风格设计，主要包括以下两点：

（1）以展会专业性优势为核心。举办展会要突出专业性优势，通过营销活动，把着力点放在加强展会的视觉冲击力上，以吸引更多观众。在网站用户心中留下技术领先、展会专业性强的印象，从而产生对展览的信任感。在专业技术方面的宣传、展示以及应用和对实际的具体作用等方面加大推广力度，在风格上保持一致，与展览的 CI 形象一致，以保持展览对目标客户线上、线下形象的连续性，从而巩固品牌地位。

（2）以树立企业形象为主，服务为导向。注重风格的设计与创意，着意渲染或营造独特的展览氛围，通过服务提升展览在客户心中的地位，体现网站或展览服务的价值感，在顾客心中树立一种崭新的品牌形象，并使其产生信任感。

2. 组建运维技术团队做好策划

专业的技术团队不仅负责展会网站制作的规划、建设、管理与维护，还包括对展会企业信息化发展规划的制订、普及展会企业上网知识、组织人员对传统展览企业的管理模式、工作流程等进行信息技术改造。

对于大型展览组织机构来说，可设专门的部门总体负责展览企业的信息化发展规划。但对于中小型展览企业来讲，考虑到人员、资金等实际问题，单独设立部门相对来说较难，可考虑将网站建设融入其他职能部门。

在建网策划的过程中，技术团队需及时把握展会网站所具有的共性，根据展会组织机构的不同需求，选择合适的方式来进行具体策划。如：

（1）及时发布展会相关信息。组建展会营销网站，技术团队应在第一时间将展览及相关的服务信息放到网上，以获取更多的营销机会和提升市场竞争力。

（2）树立展览品牌形象，展示或提高展览的核心竞争力。展会网站制作最基本的作用就是展示展会品牌形象。技术团队在策划的过程中要更进一步了解竞争展览的站点，并进行比较和细致分析，明确竞争展览网站所提供的相关内容，清楚自身展览的优点与不足，从而做到扬长避短。

（3）提升客户服务的质量。客户服务的重要性已经为众多展览组织机构所认识，展览市场竞争的激烈性导致展览的差异迅速缩小，售前、售后服务的个性化日益突出。通过网站搜集目标客户的信息及反馈，有助于提升客户服务的质量，从而为展览赢得更多的客户，创造更多的效益。

（4）展示展览的专业优势与新展览项目推广。在目前竞争激烈的展览市场中，大型的展览组织机构拥有技术垄断或展览品牌优势，而一般中小型展览组织机构很难挖掘这方面的优势，这就需要技术团队充分利用网络的开放性和跨地域性，通过互联网的信息资源共享，获得中小型展览与大型展览相抗衡的可能性。

互联网是与目标客户沟通的重要工具，同时也是推销新展览项目的重要渠道。通过展览网站可从各个方面介绍新展览项目，测试市场对新展览项目的反应，并得到即时的反馈。

3. 网站框架要形成自身特色

展览企业可根据自身的需求，对网站进行个性化设计，需要注意的是，真正有意向参展的参展商或参展观众是非常注重实效的，很少会对网站排版是否美观而评头论足。因此，展览网站的排版制作只需做到恰如其分即可。如：首页排版设计可尽量简洁；企业介绍部分要详细；展览的产品展示及服务内容要全面；要留有联系方式或提供在线咨询功能。

4. 网站管理和维护方面

网站上线之后，管理和维护是不可或缺的，如日常的产品更新、客户咨询的回复和网站后台的安全管理等。部门可制定相关的网站管理和日常维护更新的制度，完善激励机制，建立信息更新渠道，确保网站发挥作用。

总而言之，制作网站切忌只求美观，本末倒置。需把会展企业建网落到实处，再根据会展企业经营的实际需求，构建适合自身特点的建网计划和模式，以最小的投入换取最大的回报，从而获得最高的经济与社会效益。①

8.3.2 网上会展网站建设的思路

网上会展网站作为会展企业向参展商和采购商提供信息服务的媒介，建设时可从会展网站建设目标、确定访问者范围、确定网站提供的信息和服务等方向着手。

1. 会展网站建设目标

一是保证信息的真实性、准确性，避免误导访问者。二是确立站点的近期目标和远期目标，如：近期目标是提供在线查询和订购，远期目标是根据市场供求状况提供实时定价。三是网站提供的信息需全面，让访问者能够在第一时间了解公司的产品和服务。

2. 确定访问者范围

一是确定预期网站的主要目标受众在哪些地区，是哪类企业等；二是确定访问者的访问目的；三是了解访问接入互联网的宽带有多大，能否快速访问到网站内容。

3. 确定网站提供的信息和服务

（1）会展网站包含的功能服务。①信息搜索功能；②信息发布功能；③商情调查、在线生成分析报告、图表等功能；④特色服务功能，如：FAQ（常见的问题解答）、BBS（网络论坛）、聊天室等各种即时性信息服务，以及在线收听、收视、订购、付款等选择性服务。

（2）会展网站提供的信息组成部分。会展网站应涵盖整个展会项目的各类信息，便于参展商和观众搜索查询展会相关信息服务。主要分为以下组成部分：

①主页。网站主页主要分为导航型、内容展示型两种。

导航型：主要是为访问者提供站点结构信息，按信息类型和内容的不同，可将站点分为若干部分。如官网主页（见图8－11）：

_____

① 上海摩思网络科技有限公司. 展会网站制作规划的要点分析［EB/OL］.（2018－05－18）. http：//www.omoo.com/m126－54584.html.

图 8 - 11 中国国际高新技术成果交易会官网主页

（图片来源：中国国际高新技术成果交易会. http://www.chtf.com）

内容展示型：为访问者查询所需信息提供直接、快捷的链接方式，可以一步到位而无须层层单击，节省了访问时间。如深圳会展中心官网主页（见图 8 - 12）：

图 8 - 12 深圳会展中心官网主页

（图片来源：深圳会展中心. http://www.szcec.com/）

②新闻页面。新闻页面主要提供与展会相关的新闻资讯，如产品或服务的最新消息等（见图8-13）。

图8-13 中国国际高新技术成果交易会官网新闻页面

（图片来源：中国国际高新技术成果交易会. http：//www.chtf.com/meitizhiyin/）

③企业信息页面。一场展会展览是由各参展商集合在一起，展示企业各自的产品与服务。企业信息页面展示了企业的商务信息、产品成果，为意向合作企业及观众查询提供了便利（见图8-14）。

图8-14 中国国际高新技术成果交易会官网企业信息页面

（图片来源：中国国际高新技术成果交易会. http：//www.chtf.com/liaojiegaojiaohui/）

④产品或服务目录。产品或服务目录展示了展会各活动论坛的信息、各参展商的产品

目录，以及场馆服务信息咨询（见图8-15）。

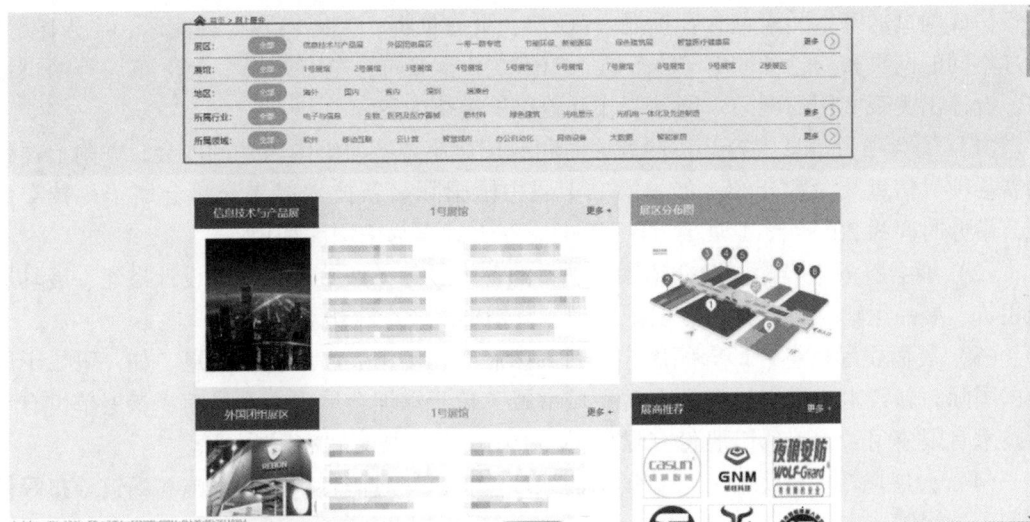

图8-15 中国国际高新技术成果交易会官网服务目录

（图片来源：中国国际高新技术成果交易会. http://cis. chtf. com/#!/onlineExhibition）

⑤帮助页面。针对参展商和观众的问题作出解答，网站应设置帮助页面，便于在线咨询、预订服务等（见图8-16）。

图8-16 中国进出口商品交易会（广交会）官网帮助页面

（图片来源：广交会. http://www. gjhrz. com/contact. asp）

8.3.3 会展网站系统功能与技术开发

会展网站系统功能与技术开发使用目前主流的 PHP 语言与 MySQL 数据库作为开发基

础，使用 Redis 作为数据缓存。服务器使用云服务器，具有集群功能，可应对大量数据的并发情况。

构成网页的基本元素包含：标题、LOGO、页眉页脚、主体内容、功能区、广告区等。通过不同的网页布局，如"T"形布局、"国"字形布局、左右布局、上下布局等网页结构，设计出美观实用的网站。网站制作涵盖以下模块内容：

（1）展会项目信息内容。按照展会时间或按行业类型列出国内外的展会，并附上详细的展会项目信息及内容介绍。如：第二十届中国国际高新技术成果交易会属于科技类展会，举办时间为 2018 年 11 月 14 日—18 日，举办地点为中国深圳市。

（2）展会服务内容。主要介绍展会项目的各类服务，如参展报名、设计搭建、展具展架租赁、展品运输、差旅预订、票证办理、营销推广、会议组织等。

（3）展商展厅信息。即介绍展会项目的参展商和场馆展厅的基本信息。如：第二十届中国国际高新技术成果交易会的"智慧城市展"位于深圳会展中心 6 号馆，参展单位有华为技术有限公司、中兴通讯股份有限公司、中国电子科技集团有限公司等。

（4）会展场馆信息。介绍展览场馆的地理位置、交通信息、配套设施和场馆分布等供查询人员阅览。

（5）展会新闻资讯。在网上报道展会最新资讯、官方通知、新闻发布，以及对展会展览的最新产品、最新技术的相关信息报道。

（6）配套服务商查询。会展项目的成功举办，离不开提供优质服务的各类型会展服务商。通过配套服务商查询，将各类型会展服务商信息公布，方便需要的客户搜索查询。

【课后思考题】

1. 试分析网上会展的优势与劣势。

2. 您愿意参与网上会展吗？为什么？

参考文献

[1] 蔡礼彬. 青岛会展旅游概览 [M]. 青岛：青岛出版社，2019.

[2] 曹勇. 会展政策与法规 [M]. 重庆：重庆大学出版社，2014.

[3] 张建春，陈亮. 智慧旅游导论 [M]. 杭州：浙江工商大学出版社，2015.

[4] 陈淑莉，方婷婷，陈玉苍. 会展产业概论 [M]. 台北：花都文化事业有限公司，2016.

[5] 陈文君. 会展策划实务 [M]. 广州：广东高等教育出版社，2015.

[6] 陈颖. 会展实训综合教程 [M]. 重庆：重庆大学出版社，2019.

[7] 丁烨. 会展场馆经营与管理 [M]. 北京：中国旅游出版社，2019.

[8] 范娜娜. 会展营销实务 [M]. 广州：广东高等教育出版社，2015.

[9] 方勇. 会展营销 [M]. 北京：中国纺织出版社，2013.

[10] 费尔南德斯. 会展活动的创意与设计 [M]. 古颖，译. 上海：上海人民美术出版社，2016.

[11] 高峻. 会展概论 [M]. 重庆：重庆大学出版社，2019.

[12] 郭慧馨. 会展物流 [M]. 天津：南开大学出版社，2019.

[13] 郭牧，赵闯. 2015 中国会展产业年度报告 [M]. 北京：中国商务出版社，2015.

[14] 郭牧. 2017 中国会展产业年度报告 [M]. 北京：中国商务出版社，2017.

[15] 郭牧，赵闯. 中国会展产业年度报告 2016 [M]. 杭州：浙江大学出版社，2016.

[16] 何焱. 会展项目管理 [M]. 北京：中国轻工业出版社，2016.

[17] 贺景霖. 现代服务业发展研究 [M]. 武汉：湖北科学技术出版社，2015.

[18] 胡芬. 会展项目管理 [M]. 武汉：武汉大学出版社，2014.

[19] 胡泓媛. 中国会展经济发展及知识产权保护 [M]. 北京：知识产权出版社，2015.

[20] 胡锡茹. 会展概论 [M]. 北京：中国旅游出版社，2018.

[21] 胡新萍，彭慧. 农业会展发展问题研究 [M]. 北京：中国农业出版社，2015.

[22] 华谦生. 会展营销实务 [M]. 杭州：浙江大学出版社，2019.

[23] 黄鹂，杨洋. 会展营销 [M]. 武汉：华中科技大学出版社，2019.

[24] 焦玉翠. 会展公共关系 [M]. 济南：山东科学技术出版社，2016.

[25] 剧宇宏. 我国会展业发展研究 [M]. 石家庄：河北人民出版社，2016.

[26] 蓝星，周兴霞. 会展管理英语 [M]. 重庆：重庆大学出版社，2014.

[27] 李桂云，李茂林. 商务英语实务教程 [M]. 北京：对外经济贸易大学出版

社，2017.

　　［28］李世平. 会展案例与分析［M］. 重庆：重庆大学出版社，2019.

　　［29］李苏云. 会展形象与本土文化的研究［M］. 北京：中国建材工业出版社，2014.

　　［30］李薇. 会展文案［M］. 广州：广东高等教育出版社，2014.

　　［31］李喜燕. 会展法规与实务［M］. 武汉：华中科技大学出版社，2017.

　　［32］李雪松. 会展设计［M］. 北京：中国旅游出版社，2016.

　　［33］李勇军. 政府主导型会展及其市场化研究［M］. 天津：南开大学出版社，2016.

　　［34］练红宇，王雪婷. 会展策划［M］. 成都：电子科技大学出版社，2019.

　　［35］梁文慧. 旅游与会展发展论丛［M］. 北京：中国社会科学出版社，2016.

　　［36］林大飞. 会展场馆经营与管理［M］. 重庆：重庆大学出版社，2019.

　　［37］林晖明. 会展智能信息化［M］. 北京：中国水利水电出版社，2010.

　　［38］刘大可. 会展经济理论与实务［M］. 北京：首都经济贸易大学出版社，2019.

　　［39］刘开萌，肖靖. 会展旅游［M］. 北京：旅游教育出版社，2014.

　　［40］刘松萍，李晓莉. 会展营销与策划［M］. 北京：首都经济贸易大学出版社，2015.

　　［41］刘松萍. 会展营销［M］. 重庆：重庆大学出版社，2014.

　　［42］刘晓英，李翠微. 会展策划［M］. 长春：东北师范大学出版社，2019.

　　［43］刘勇. 会展服务与管理［M］. 北京：化学工业出版社，2019.

　　［44］刘真明，王安松. 会展现场服务与管理［M］. 济南：山东科学技术出版社，2016.

　　［45］马勇. 会展管理概论［M］. 武汉：华中科技大学出版社，2019.

　　［46］马勇. 会展学原理［M］. 重庆：重庆大学出版社，2015.

　　［47］马勇梁，圣蓉. 会展概论［M］. 重庆：重庆大学出版社，2019.

　　［48］孟祥敏. 城市会展业创新发展路径研究——基于宁波的思考［M］. 北京：冶金工业出版社，2017.

　　［49］孟祥敏. 会展经济与管理专业建设的思考——基于浙江万里学院的探索与研究［M］. 北京：冶金工业出版社，2018.

　　［50］齐欣，吴慧，李菲. 会展旅游实务［M］. 广州：广东教育出版社，2019.

　　［51］秦静，郭梅. 会展口语［M］. 青岛：中国海洋大学出版社，2018.

　　［52］申强，杨为民. 会展供应链管理［M］. 北京：中国农业出版社，2014.

　　［53］沈金辉，徐东北，夏正超. 会展旅游［M］. 沈阳：东北财经大学出版社，2019.

　　［54］吴建华. 广州会展经济研究［M］. 广州：中山大学出版社，2016.

　　［55］谢跃凌. 会展展示空间设计［M］. 沈阳：辽宁美术出版社，2014.

　　［56］徐晶. 会展设计艺术与技术［M］. 长春：吉林美术出版社，2019.

　　［57］张万春. 我国会展争议解决研究［M］. 北京：经济日报出版社，2015.